AF357571

LA LOI
DES PENSIONS
DU 14 AVRIL 1924

AVEC DES COMMENTAIRES

DES DISPOSITIONS RELATIVES

A L'ATTRIBUTION ET A LA DÉTERMINATION
DE LA PENSION

DES TABLEAUX-BARÈMES DES NOUVEAUX TARIFS

ACCORDÉS AUX FONCTIONNAIRES CIVILS ET AUX MILITAIRES

LE TABLEAU DES EMPLOIS DU CADRE ACTIF

ET LE TEXTE DES DISPOSITIONS LÉGALES CITÉES DANS LES ARTICLES DE LA LOI

3ᵉ TIRAGE

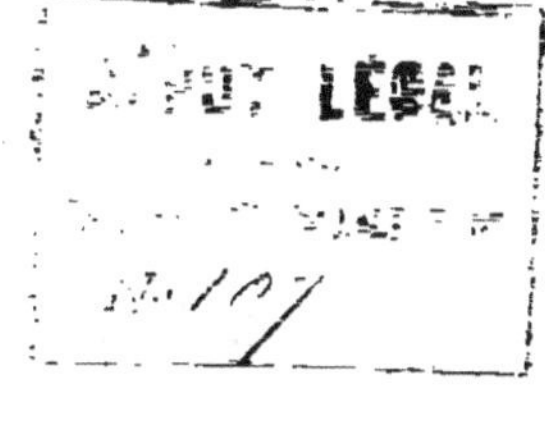

CHARLES-LAVAUZELLE & Cie
Éditeurs militaires
PARIS, Boulevard Saint-Germain, 124
LIMOGES, 62, Avenue Baudin | 53, Rue Stanislas, NANCY

Imprimerie et Librairie militaires CHARLES-LAVAUZELLE & Cⁱᵉ

SOCIÉTÉ EN COMMANDITE PAR ACTIONS AU CAPITAL DE 3.500.000 FRANCS

PARIS, 124, Boulevard Saint-Germain (6ᵉ) — NANCY, 53, rue Stanislas — 62, Avenue Baudin, LIMOGES

R. C. Limoges 585

Officier principal MONS. — **Aide-Mémoire de l'officier de réserve et de l'armée territoriale.** Volume in-8° de 342 pages, relié pleine toile gaufrée...... **7 50**

L'*Aide-Mémoire de l'officier de réserve et de l'armée territoriale* contient, en un seul volume, toutes les lois et décisions, tous les règlements que doivent connaître ces officiers, et donne un exposé complet de leurs devoirs et obligations, comme aussi de leurs droits et prérogatives.

Emplois civils et militaires réservés aux engagés et rengagés de l'armée. (Volume 36 du « Bulletin officiel », à jour au 17 septembre 1923.) Lois, décrets, circulaires et instructions concernant la réglementation des emplois civils. Tableau des emplois. Traitements. Indemnités et accessoires. Conditions d'aptitude et matières demandées aux examens. Proportion réservée à chaque emploi. Nombre annuel de vacances possibles. In-8° de 418 pages, cart. **7 50**

On trouve également dans cet ouvrage les principales décisions du Conseil d'État statuant au contentieux qui fixent nettement l'interprétation des divers articles de la loi. Ce volume 36 du *Bulletin officiel* est de toute première utilité pour les candidats aux emplois réservés.

Emplois réservés aux anciens militaires pensionnés pour infirmités de guerre, ainsi qu'aux veuves, orphelins de guerre et autres victimes civiles de la guerre. Loi du 30 janvier 1923 et règlement du 12 juillet 1923 donnant les tableaux des divers emplois avec les conditions d'aptitude physique et professionnelle et énumérant les catégories de blessures ou d'infirmités compatibles avec les emplois. 432 pages.................................... **6 »**

Ainsi que l'indique l'énoncé de son titre, ce volume comporte tous les renseignements intéressant tant les candidats aux emplois civils que les administrations militaires ou civiles qui ont à connaître de ces questions; il évitera aux unes comme aux autres bien des recherches fastidieuses.

Il complète et modifie le volume 36 *bis* du *Bulletin officiel*, devenu caduc et dont il tient lieu en attendant sa refonte officielle.

Emplois civils réservés aux militaires et marins blessés ou infirmes du fait de la guerre dans le personnel des entreprises industrielles ou commerciales jouissant d'une concession, d'un monopole ou d'une subvention de l'État, du département ou de la commune. Volume 36 quater du « Bulletin officiel » du ministère de la guerre, à jour au 15 mai 1921...................... **7 50**

Cet ouvrage contient tous les arrêtés du Ministre de la guerre et du Ministre du commerce, de l'industrie, des postes et télégraphes, des transports maritimes et de la marine marchande, qui ont paru en mai et juin 1918 et qui concernent les emplois réservés par le décret du 23 juin 1918 aux militaires et marins visés par l'article 1ᵉʳ de la loi du 17 avril 1916.

Emplois réservés aux anciens militaires pensionnés pour infirmités de guerre, ainsi qu'aux veuves, orphelins de guerre et autres victimes civiles de la guerre. 432 pages.. **6 »**

Loi du 30 janvier 1923 et règlement du 12 juillet 1923 donnant les tableaux des divers emplois avec les conditions d'aptitude physique et professionnelle et énumérant les catégories de blessures ou d'infirmités compatibles avec les emplois.

COCHIN DE CLÉRY, officier d'administration en réserve spéciale. — **L'emploi réservé aux candidats non classés, mutilés et réformés, officiers à titre temporaire, engagés et rengagés, veuves et orphelins de guerre, officiers retraités, victimes civiles de la guerre.** Commentaire des textes officiels, suivi de la liste des emplois offerts actuellement, avec leurs avantages respectifs et leurs disponibilités. Volume in-8° de 126 pages...................... **3 »**

Guide exact et complet indiquant toutes les formalités à accomplir pour arriver à un résultat quand on a fait choix d'une série d'emplois. Ce choix se portera d'une façon utile vers les emplois qui sont le moins demandés, tout en étant aussi avantageux. Ces emplois sont indiqués en fin du volume.

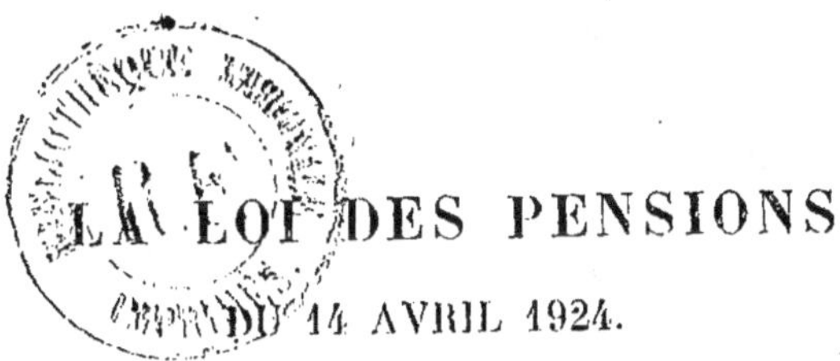

LA LOI DES PENSIONS

DU 14 AVRIL 1924.

LA LOI DES PENSIONS DU 14 AVRIL 1924

CHAPITRE Ier.

Bénéficiaires de la loi.

Les bénéficiaires de la loi du 14 avril 1924 sont énumérés sommairement à l'article 1er. Ce sont :

1° Les fonctionnaires civils et employés civils appartenant au cadre permanent de l'Administration des établissements de l'Etat;

2° Les militaires et marins de tous grades des armées de terre ou de mer;

3° Les personnels civils admis au bénéfice de la législation des pensions militaires;

4° Les veuves et orphelins des bénéficiaires ci-dessus.

Il est nécessaire d'examiner successivement chacune de ces catégories de bénéficiaires.

1° FONCTIONNAIRES CIVILS ET EMPLOYÉS CIVILS.

Il est assez malaisé de donner une définition du fonctionnaire civil. Le projet de loi n° 966, déposé le 1er juin 1920, indique que : « Sont considérés comme fonctionnaires, pour l'application de la présente loi, tous ceux qui, en qualité de délégués de l'autorité publique, d'employés, d'agents ou de sous-agents, occupent un emploi dans les cadres permanents d'un service public civil régi par l'Etat, à l'exclusion du personnel ouvrier. »

Tous ceux qui remplissent ces conditions paraissent devoir bénéficier de la nouvelle loi.

En bénéficient d'une façon certaine les fonctionnaires ou

employés qui étaient régis par la loi du 9 juin 1853 (1). En bénéficient également les employés d'Etat qui sont titulaires d'une fonction permanente (2); les employés permanents des établissements nationaux hospitaliers ou de bienfaisance; les employés de l'Office national des mutilés et de l'Office national des Pupilles de la nation (3), et, d'une façon générale, tous les employés qui figurent dans le statut « Employés d'Etat » (4).

Le règlement d'administration publique prévu à l'article 69 fixera, d'une façon précise, les bénéficiaires. Pour toutes les catégories spéciales d'employés ou ouvriers qui n'apparaîtraient pas comme immédiatement comprises dans la loi, des projets de loi spéciaux seront soumis au Parlement (5).

Sans attendre la publication de ce règlement d'administration publique, on peut, dès à présent, préciser que ne sont pas compris dans la loi :

a) Les ouvriers en général;

b) Les ouvriers des P. T. T. (6);

c) Les cantonniers et chefs cantonniers des routes nationales (7);

d) Le personnel de l'Imprimerie nationale (8);

---

(1) Déclaration de M. Lugol, rapporteur (Chambre, 4 avril 1924; *J. O.*, p. 1806).

(2) Déclaration de M. Pasquet, rapporteur (Sénat, 11 avril 1924; *J. O.*, p. 766).

(3) Déclaration du Ministre des finances (Chambre, 4 avril 1924; *J. O.*, p. 1808).

(4) Déclaration du Ministre des finances (Chambre, 4 avril 1924; *J. O.*, p. 1806).

(5) Déclaration du Ministre des finances (Sénat, 11 avril 1924; *J. O.*, p. 766).

(6) Rejet de l'amendement Aubriot les concernant (Chambre, 4 avril 1924; *J. O.*, p. 1808).

(7) Disjonction de l'amendement Dézarnauld (Chambre, 4 avril 1924; *J. O.*, p. 1808) et déclaration du Ministre des finances (Chambre, 5 avril 1924; *J. O.*, p. 1849; et Sénat, 11 avril 1924; *J. O.*, p. 766).

(8) Disjonction de l'amendement Mouret (Chambre, 5 avril 1924; *J. O.*, p. 1856).

c) Les agents des Compagnies de chemins de fer (1).

(Toutefois, ces Compagnies se sont engagées à modifier, d'une manière analogue, les majorations et compléments de pensions alloués à leurs personnels) (1);

f) Les agents qui ne consacrent pas tout leur temps à leurs fonctions et qui prêtent leur concours au public en même temps qu'à l'Etat (2);

g) Les agents qui ne dépendent pas directement de l'Etat, mais ne sont que les préposés personnels de certains fonctionnaires (2);

h) Les agents non permanents (temporaires, intérimaires, etc.) (2);

i) Les agents non titulaires (auxiliaires par exemple (2);

j) Les fonctionnaires des Administrations départementales ou communales.

2° MILITAIRES ET MARINS.

La détermination des militaires et marins n'offre aucune difficulté. Bénéficient des règles applicables aux militaires et marins tous ceux qui font partie des armées de terre et de mer (2).

Sont traités comme tels, aux termes de l'article 53 : les inspecteurs des colonies et les surveillants militaires des établissements militaires coloniaux.

3° PERSONNELS CIVILS ADMIS AU BÉNÉFICE DE LA LÉGISLATION MILITAIRE.

Ce sont notamment :

a) Les fonctionnaires et agents du service colonial visés par l'article 14 de la loi du 5 août 1879 (gouverneurs et administrateurs des colonies) (2);

---

(1) Déclaration du Ministre des travaux publics (Sénat, 12 décembre 1923; J. O., p. 1858).
(2) Rapport Lugol, n° 4225.

b) Les agents techniques et commis de marine (1);

c) Les syndics des gens de mer (1);

d) Les gardes-maritimes et les gardes-pêche (1);

e) Les maîtres ouvriers et ouvriers immatriculés des manufactures d'armes et des arsenaux (1);

f) Les ingénieurs et agents techniques des poudres (1).

Pour l'avenir, les agents de ces catégories seront traités, pour la retraite, comme des fonctionnaires civils, et, au regard de la loi, il n'y aura donc plus que deux catégories d'agents : les civils et les militaires (1). (Article 74 de la loi.)

Les agents de ces catégories qui, au 15 avril 1914, étaient en fonction ou figuraient sur une liste d'admissibilité, ou sur une liste de classement à un emploi de ces catégories conserveront seuls le bénéfice de la législation des pensions militaires (art. 74). En particulier, ils bénéficieront des annuités du taux prévu pour les militaires (2).

Toutefois, les ouvriers immatriculés qui ont opté pour le régime des retraites des établissements industriels de l'État (loi du 21 octobre 1919), ont la faculté d'opter, avant le 15 octobre 1924, pour le régime des pensions militaires. La rente viagère qui leur est due, d'après la loi du 21 octobre 1919, sera déduite de leur pension (art. 74).

Dans un ordre inverse d'idées, les fonctionnaires qui bénéficient actuellement du régime des pensions militaires pourront opter pour le régime commun à tous les fonctionnaires civils (art. 76).

Les agents de maîtrise et ouvriers immatriculés bénéficiant de pension militaire sont traités comme il suit (art. 74) :

Comme adjudants-chefs, les ouvriers immatriculés de la guerre chefs d'atelier;

---

(1) Rapport Lugol, n° 4225.
(2) Déclaration du commissaire du gouvernement (Sénat, 11 avril 1924; J. O., p. 778).

Comme adjudants, les ouvriers immatriculés de la guerre contremaîtres;

Comme sergents-majors, les ouvriers immatriculés de la guerre, chefs d'équipe;

Comme sergents, les ouvriers immatriculés de 1re classe de la guerre;

Comme soldats, les ouvriers immatriculés de 2e classe de la guerre;

Comme quartiers-maîtres des directions de port, les chefs ouvriers immatriculés de la marine;

Comme marins des directions de port, les ouvriers immatriculés de la marine.

Dans l'avenir, les services rendus par les chefs d'atelier de la guerre ou des manufactures de l'Etat et par les agents techniques de la marine, pendant le temps durant lequel ils auront servi, soit dans les ateliers, soit sur les chantiers, soit à bord des bâtiments de l'Etat, seront assimilés aux services rendus dans la partie active (art. 75).

4° VEUVES ET ORPHELINS.

Rentrent dans le champ d'application de la loi, les veuves et orphelins des personnels civils ou militaires que nous venons d'énumérer.

5° SERVICES CIVILS ACTIFS ET SERVICES CIVILS SÉDENTAIRES.

La loi du 9 juin 1853 divisait les fonctionnaires et employés civils en deux catégories :

a) Ceux qui remplissent un service actif et occupent un emploi comportant des risques particuliers ou des fatigues exceptionnelles;

b) Ceux qui remplissent des fonctions sédentaires.

Les droits ouverts par la loi nouvelle diffèrent essentiellement, sur certains points, selon la nature des services civils accomplis : actifs ou sédentaires.

Il est donc indispensable d'énumérer les emplois classés dans le service actif. Ces emplois sont ceux figurant au tableau ci-après :

Tableau des emplois du service actif.

(Annexe de l'article 5 de la loi du 9 juin 1853.)

Nota. — Les additions apportées au tableau originaire par les lois postérieures à celles du 9 juin 1853 sont signalées par des renvois.

MINISTÈRE DES FINANCES.

Administration des contributions directes.

Inspecteurs (1).
Contrôleurs principaux (1).
Contrôleurs (1).
Géomètres en chef du cadastre (2).

Administration des contributions indirectes.

Service général.

Inspecteurs et sous-inspecteurs.
Contrôleurs.
Receveurs ambulants, à cheval, à pied ou à bicyclette.
Commis principaux.
Commis principaux chefs de poste.
Commis principaux chefs de section.
Commis principaux adjoints, à cheval, à pied ou à bicyclette.
Commis aux exercices.
Préposés.

Garantie.

Inspecteurs.
Contrôleurs.
Commis principaux aux exercices.
Commis aux exercices.
Préposés aux exercices.

---

(1) Loi de finances du 30 mars 1902, article 42.
(2) Loi de finances du 8 avril 1910, article 87.

Octrois.

Préposés en chef (1).

Administration des douanes.

Capitaines (2).
Lieutenants (2).
Sous-lieutenants (2).
Gardes-magasins (2).
Brigadiers et sous-brigadiers (2).
Patrons et sous-patrons (2).
Préposés et matelots (2).

Administration des manufactures de l'Etat.

Inspecteurs, sous-inspecteurs, contrôleurs et commis du service de la culture des tabacs.

MINISTÈRE DE L'INTÉRIEUR.

Gardiens et surveillants de l'administration pénitentiaire (3).

Inspecteurs et sous-inspecteurs de l'Assistance publique (4).

Commissaires de police municipale (4).

Commissaires spéciaux, commissaires spéciaux adjoints et inspecteurs spéciaux de la police des chemins de fer (4).

Inspecteurs spéciaux de police attachés au palais de l'Elysée (4).

Secrétaires de police, inspecteurs et agents de police de l'agglomération lyonnaise (4).

Commissaire principal chargé du contrôle général des services des recherches dans les départements (4).

---

(1) Voir loi du 6 décembre 1897, article 15.
(2) Voir loi de finances du 13 avril 1898, article 46, paragraphe 3.
(3) Loi de finances du 13 avril 1898, article 45 (a).
(a) L'article 45, *in fine*, dispose que les avantages du classement dans la partie active ne peuvent se cumuler avec ceux de la bonification coloniale.
(4) Loi de finances du 8 avril 1910, article 86.

Commissaires divisionnaires, commissaires et inspecteurs de police mobile (1).

Secrétaires de police, inspecteurs et agents de la sûreté, officiers et gardiens de la paix et agents divers de la police marseillaise (1).

Gardiens de la paix de Lyon et agglomération lyonnaise, caisse de retraite spéciale.

Inspecteurs de police spéciale (2).

Service de l'Algérie.

Administrateurs et adjoints des communes mixtes (3).

Répartiteurs des contributions directes (3).

Agents du service topographique opérant sur le terrain (3).

Médecin de colonisation (3).

Commissaires spéciaux, commissaires spéciaux adjoints et inspecteurs spéciaux de la police des chemins de fer (3).

Inspecteurs, sous-inspecteurs et agents français et indigènes du service de la sûreté (3).

MINISTÈRE DE LA GUERRE.

Service des poudres et salpêtres.

Ouvriers principaux, ouvriers, brigadiers, poudriers (3).

Professeurs des écoles militaires préparatoires entrés en fonctions antérieurement au décret du 16 juin 1899 (4).

MINISTÈRE DE L'INSTRUCTION PUBLIQUE.

Inspecteurs primaires (5).

Directeurs et directrices, maîtres adjoints et maîtresses adjointes des écoles normales primaires (5).

Instituteurs et institutrices titulaires et adjoints (5).

Directrices de salles d'asiles (5).

---

(1) Loi des finances du 8 avril 1910, article 86.

(2) Loi du 30 décembre 1913, article 3.

(3) Loi de finances du 13 avril 1898, article 45 (a).

(a) L'article 45 in fine dispose que les avantages du classement dans la partie active ne peuvent se cumuler avec ceux de la bonification coloniale.

(4) Loi de finances du 8 avril 1910, article 90.

(5) Loi du 17 août 1876.

Suppléants départementaux (2).

Directeurs, professeurs de sciences et de lettres des écoles normales supérieures des départements pourvus d'une nomination régulière (2).

Directeurs des écoles primaires supérieures de Paris et maîtres de ces écoles qui exercent, soit comme instituteurs adjoints, en vertu d'une nomination préfectorale, soit comme professeurs de sciences et de lettres en vertu d'une nomination ministérielle, à moins qu'ils ne soient en même temps attachés à un établissement d'enseignement secondaire, auquel cas ils ne peuvent recevoir que des indemnités non sujettes à retenue (3).

Instituteurs français détachés en service spécial et autorisés à verser les retenues par décision ministérielle (4).

Instituteurs français régulièrement nommés dans les écoles indigènes d'Algérie (4).

Professeurs des écoles normales primaires et instituteurs des écoles annexes (4).

Professeurs titulaires chargés de l'enseignement du chant, des langues vivantes, du dessin, de la comptabilité et de l'agriculture dans les écoles primaires supérieures de la ville de Paris, s'ils sont pourvus de certificat d'aptitude au professorat et du diplôme spécial de leur enseignement, nommés par le Ministre (5).

Professeurs titulaires dans les écoles primaires supérieures de Paris, pourvus seulement du certificat d'aptitude à l'enseignement des langues vivantes dans les lycées et collèges (5).

Maîtres de langues vivantes exerçant, au 17 avril 1906, dans les écoles primaires supérieures de Paris, ayant été nommés titulaires, s'ils ont versé les retenues réglementaires six mois après leur titularisation (6).

---

(2) Loi du 19 juillet 1889 et loi du 25 juillet 1893, article 38.

(3) Loi du 19 juillet 1889, loi du 25 juillet 1893, article 38, et loi de finances du 13 avril 1898, article 51.

(*a*) L'article 45 *a*) *in fine* dispose que les avantages de classement dans la partie active ne peuvent se cumuler avec ceux de la bonification coloniale.

(4) Loi de finances du 13 avril, article 45 (*a*).

(5) Loi du 19 juillet 1889 et loi du 25 juillet 1893, article 39.

(6) Loi de finances du 17 avril 1906, article 54.

Maîtres auxiliaires dans les écoles primaires supérieures de Paris, en fonctions au 17 avril 1906, pourvus d'une nomination régulière et munis de la licence ès lettres avec la mention « langue », ayant versé, dans les six mois de leur titularisation, les retenues correspondantes (1).

Directeur, préfet des études et surveillants généraux du collège Chaptal (2).

Maîtres répétiteurs des écoles primaires supérieures de la Ville de Paris (3).

Instituteurs et institutrices titulaires des écoles primaires détachés dans les lycées, en exécution du décret du 31 octobre 1892, ou détachés dans les collèges dans les mêmes conditions (4).

MINISTÈRE DU COMMERCE ET DE L'INDUSTRIE.

Directeurs, directrices, professeurs, maîtres adjoints et maîtresses adjointes des écoles pratiques de commerce et d'industrie.

Directeurs, professeurs de théories, chefs et sous-chefs d'atelier de l'école nationale d'horlogerie de Cluses (5).

Agents du service des poids et mesures (5).

Directeur des écoles professionnelles de Paris et maîtres de ces écoles, à moins qu'ils ne soient en même temps attachés à un établissement d'enseignement secondaire, auquel cas ils ne peuvent recevoir que des indemnités non sujettes à retenue (6).

Directeurs, professeurs et instituteurs des écoles nationales professionnelles (6).

Professeurs titulaires chargés de l'enseignement du chant, des langues vivantes, du dessin, de la comptabilité et de l'agriculture dans les écoles professionnelles de la ville

---

(1) Loi de finances du 17 avril 1906, article 54.
(2) Loi de finances du 13 avril 1898, article 51.
(3) Loi de finances du 22 avril 1905, article 51.
(4) Loi de finances du 30 mars 1902, article 51.
(5) Loi du 30 décembre 1913, article 3.
(6) Lois du 19 juillet 1889 et du 25 juillet 1892, article 38.

de Paris, s'ils sont pourvus du certificat d'aptitude au professorat et du diplôme spécial de leur enseignement, nommés par le Ministre (1).

MINISTÈRE DE L'AGRICULTURE.

Directeurs des services agricoles et professeurs d'agriculture (loi du 21 août 1912).

Service des forêts.

Gardes généraux adjoints (2);
Gardes à cheval (2);
Brigadiers (3);
Gardes à pied (2);
Gardes forestiers et cantonniers (3).

Service des haras.

Brigadiers-chefs (4);
Brigadiers (4);
Palefreniers (4).

MINISTÈRE DU TRAVAIL ET DE LA PRÉVOYANCE SOCIALE.

Inspecteurs du travail (5).

Contrôleurs du travail des agents des chemins de fer (6).

Enquêteurs permanents du travail (loi du 29 avril 1921, art. 32).

MINISTÈRE DES TRAVAUX PUBLICS.

Officiers et maîtres de port du service maritime nommés avant le 1er janvier 1909 (7).

Éclusiers, pontiers, barragistes et autres agents inférieurs de la navigation intérieure des ports de commerce (7).

Maîtres de gardiens de phares et fanaux (7).

---

(1) Lois du 19 juillet 1889 et du 25 juillet 1893, article 39.
(2) Emplois supprimés par suite de réorganisation de service.
(3) Voir loi de finances du 13 avril 1893, article 46, paragraphe 3.
(4) Loi de finances du 13 avril 1898, article 45.
(5) Loi de finances du 22 avril 1905, article 40.
(6) Loi du 30 décembre 1913, article 3.
(7) Loi de finances du 8 avril 1910, article 86.

Service des postes et télégraphes.

Courriers et postulants courriers (1).
Chefs facteurs.
Sous-chefs facteurs.
Facteurs de ville.
Facteurs ruraux.
Facteurs locaux.
Chargeurs.
Chefs de brigade des bureaux ambulants (2).
Commis des bureaux ambulants (2).
Sous-agents des bureaux ambulants (2).
Contrôleurs des services maritimes postaux (2).
Facteurs et surveillants des télégraphes (2).
Facteurs téléphonistes (2).
Entreposeurs du service des postes et télégraphes (3).
Gardiens de bureaux chargés de la manipulation des dépêches (3).
Inspecteurs des postes et télégraphes (4).
Commis des P. T. T. bureau flottant du Havre à New-York.

CHAPITRE II.

Retenues.

----

§ I. — Fonctionnaires civils.

1° *Règles générales.*

Les bénéficiaires de la loi supportent une retenue de 6 p. 100 sur les sommes payées à titre de traitement fixe ou éventuel, de préciput, de suppléments de traitement ou

----

(1) Emplois supprimés par suite de réorganisation de service.
(2) Loi de finances du 13 avril 1898, article 45, et du 30 mars 1902, article 49
(3) Loi de finances du 22 avril 1905, article 41.
(4) Loi de finances du 30 janvier 1907, article 59.

de solde, de remises proportionnelles, de commissions ou constituant un émolument personnel faisant corps avec le traitement. A cette retenue s'ajoutent, le cas échéant, celles qui sont prélevées pour cause de congé, d'absence ou par mesure disciplinaire (art. 3).

Les retenues légalement perçues ne peuvent être répétées. Celles qui ont été irrégulièrement prélevées n'ouvrent aucun droit à pension et peuvent être remboursées sans intérêt (art. 7).

2° Suppléments soumis à retenue.

Sont notamment soumis à retenue, les suppléments de traitements et indemnités prévus ou visés par :

a) L'article 57 de la loi du 30 avril 1921 (suppléments variant de 4.000 à 800 francs, alloués aux membres du Conseil d'Etat, de la Cour des comptes, aux magistrats, aux juges de paix et aux commis-greffiers);

b) L'article 70 de la loi du 30 avril 1921 (indemnités aux membres de l'enseignement);

c) L'article 21 de la loi du 16 juillet 1921 (indemnités aux magistrats de la Cour d'appel de Colmar);

d) L'article 117 de la loi du 31 décembre 1921 (indemnités aux personnels des services extérieurs des beaux-arts);

e) La loi du 30 novembre 1922 (indemnités aux personnels des cadres supérieurs des administrations centrales et des divers services extérieurs);

f) L'article 128 de la loi du 30 juin 1923 (indemnités au greffier en chef de la Cour de cassation).

D'une façon générale, sont également soumises à retenue les indemnités constituant des suppléments de traitements, à l'exclusion des indemnités spéciales ou représentatives de dépenses (art. 4).

Les fonctionnaires ayant bénéficié de ces suppléments de traitement doivent verser rétroactivement, s'il y a lieu, la retenue de 6 p. 100 sur les suppléments qui entreront en compte dans le calcul de leur traitement moyen des trois dernières années. Le montant de ces retenues sera précompté sur les arrérages de leur retraite, sans que ce prélèvement puisse réduire ces arrérages de plus d'un cinquième (art. 4).

3° *Cas particuliers.*

a) *Agents rétribués par des remises ou salaires variables.* — Un règlement d'administration publique déterminera la quotité du traitement sur lequel devra porter la retenue (art. 6).

b) *Fonctionnaires de l'enseignement.* — Les fonctionnaires de l'enseignement, y compris les professeurs de collèges communaux, subissent les retenues sur les traitements déterminés par les lois et décrets organiques, à l'exclusion des subventions obligatoires ou facultatives des départements et communes (art. 6).

c) *Fonctionnaires détachés.* — Les fonctionnaires détachés, dans les conditions prévues par l'article 33 de la loi du 30 décembre 1913, sans cesser d'appartenir au cadre permanent d'une administration publique et qui sont rétribués, en tout ou partie, sur les fonds des départements, des communes, des colonies, d'établissements publics ou privés, des gouvernements étrangers, supportent les retenues réglementaires sur le traitement d'activité afférent à leur grade et à leur classe dans le service dont ils sont détachés (art. 15).

d) *Fonctionnaires en disponibilité ou en non-activité.* — Les fonctionnaires en disponibilité ou en non-activité subissent, sur leur dernier traitement, les retenues réglementaires (art. 16).

e) *Fonctionnaires et agents des cadres locaux des colonies.* — Ces agents supportent les retenues prévues par la loi. En ce qui les concerne, une caisse intercoloniale de retraites est créée et fonctionne dans les conditions fixées par l'article 71.

§ II. — Militaires.

Jusqu'à revision générale des traitements, soldes et indemnités de toutes natures, prévue par l'article 39 de la loi du 30 avril 1921, les retenues sur les soldes des militaires et marins demeurent fixées par la législation en vigueur (art. 5).

Cette disposition se justifie par le fait que les militaires ne bénéficient que des soldes d'avant-guerre, auxquelles viennent s'ajouter des indemnités dont le taux, comme celui de la solde nette, est calculé compte tenu de la retenue devant être subie.

CHAPITRE III.

Règles générales concernant le décompte des pensions d'ancienneté.

----

§ I. — Base de la pension.

1° *Règles générales.*

La pension, civile ou militaire, est basée sur la moyenne des traitements, soldes et émoluments de toute nature soumis à retenue dont l'ayant droit a joui pendant les trois dernières années d'activité (art. 2).

Pour les fonctionnaires civils, les émoluments à considérer sont ceux indiqués au chapitre précédent.

Pour les militaires, la pension est calculée en tenant compte :

a) Pour les officiers, de la solde budgétaire (1) métropoli-

----

(1) Rapport Lugol, n° 4225.

taine de présence à terre, augmentée des indemnités temporaires de solde et de l'indemnité pour charges militaires (taux n° 3, célibataires) du grade (art. 5).

Les officiers mariniers du corps des équipages de la flotte bénéficient, en outre, d'une allocation forfaitaire de vivres fixée à 1 fr. 50 par jour (art. 5).

2° Solde ou traitement moyen.

Pour déterminer la pension, il faut donc d'abord calculer la solde ou le traitement moyen perçu pendant les trois dernières années d'activité.

Pour les fonctionnaires ayant bénéficié d'une augmentation par paliers annuels successifs (notamment les membres de l'enseignement), le règlement d'administration publique fixera, s'il est possible, de ne tenir compte que du dernier traitement. S'il n'est pas possible d'agir dans ce sens par voie de décret, le gouvernement introduira dans une prochaine loi de finances le texte nécessaire (1).

La situation des bénéficiaires de l'article 7 de la loi du 7 avril 1923 qui, déjà au dernier échelon de leur emploi, n'ont pas perçu effectivement le rappel de leur traitement pendant une partie de leurs trois dernières années d'activité, est actuellement soumise à l'appréciation du Conseil d'Etat (1).

§ III. — MINIMUM DE LA PENSION D'ANCIENNETÉ.

Le minimum de la pension d'ancienneté est, en principe, fixé à la moitié du traitement ou de la solde moyenne. Toutefois, il est élevé aux trois cinquièmes, sans pouvoir dépasser 4.000 francs, lorsque le traitement moyen ou la solde moyenne ne dépassent pas 8.000 francs (art. 2).

En d'autres termes, le minimum est fixé à la moitié de la solde moyenne ou du traitement moyen, quand cette solde ou ce traitement est égal ou supérieur à 8.000 francs.

---

(1) Déclaration du Ministre des finances (Sénat, 12 avril 1924, J. O., p. 791).

Il est fixé à 4.000 francs, quand le traitement moyen ou la solde moyenne est compris entre 6.667 francs et 8.000 francs.

Il est fixé aux trois cinquièmes du traitement moyen ou de la solde moyenne, quand ce traitement ou cette solde est inférieur à 6.667 francs.

§ III. — Emoluments en sus du minimum.

A. — *Annuités supplémentaires.*

Le minimum de la pension est accru, au delà de la durée des services exigée pour obtenir droit à pension, à raison de :

Un soixantième du traitement moyen ou de la solde moyenne pour chaque année de services civils rendus dans la partie sédentaire (fonctionnaires civils);

Un cinquantième du traitement moyen ou de la solde moyenne pour chaque année de services rendus dans la partie active (fonctionnaires civils) ou dans les armées de terre et de mer (art. 2).

B. — *Bonifications pour familles nombreuses.*

La pension ainsi déterminée est majorée de 10 p. 100 pour tous titulaires ayant élevé trois enfants jusqu'à l'âge de 16 ans. Si le nombre des enfants élevés jusqu'à l'âge de 16 ans est supérieur à trois, une majoration supplémentaire de 5 p. 100 est ajoutée pour chaque enfant au delà du troisième (art. 2).

Les enfants défunts ouvrent droit à bonification, dès lors qu'ils sont décédés après avoir atteint l'âge de 16 ans.

Les bonifications ne peuvent pas être allouées en sus du maximum, parce qu'elles font partie intégrante de la pension (1).

Au cas où des enfants atteindraient l'âge de 16 ans après

---

(1) Déclarations du rapporteur (Sénat, 11 avril 1924, J. O. p. 768) et du commissaire du gouvernement (Sénat, 12 avril 1924, J. O., p. 796).

concession de la pension, y aura-t-il révision de cette dernière? L'Administration des finances est disposée à demander au Conseil d'Etat d'introduire, dans le règlement d'administration publique, la solution la plus large, à condition qu'elle soit compatible avec le texte de la loi (1).

C. — *Indemnités pour charges de famille.*

Lorsque, à la cessation de l'activité, le bénéficiaire d'une pension d'invalidité ou d'ancienneté aura des enfants de moins de 16 ans, sa pension sera majorée des indemnités pour charges de famille dont il bénéficiait pendant l'activité (art. 2).

Les taux de ces indemnités sont les suivants :

Pour chacun des deux premiers enfants :

Indemnité principale.	330
Majoration temporaire de 50 p. 100	165
Total par an.	495

Pour chacun des suivants, à partir du troisième :

Indemnité principale.	480
Majoration temporaire de 50 p. 100	240
Supplément temporaire.	120
Total par an.	840

Les indemnités pour charges de famille né participent pas de la nature même de la pension. Elles ne tombent donc pas sous le coup des dispositions prohibitives du dépassement des maxima et peuvent, par suite, être allouées en sus des maxima (2).

---

(1) Déclaration du commissaire du gouvernement (Chambre, 5 avril 1924, J. O., p. 1853).

(2) Déclaration du commissaire du gouvernement (Sénat, 12 avril 1924; J. O., p. 796).

D. — *Maxima des pensions d'ancienneté.*

En principe, le montant des pensions civiles et militaires ne peut dépasser les trois quarts du traitement moyen ou de la solde moyenne, ni excéder 18.000 francs (art. 2).

Toutefois, ainsi qu'il est indiqué plus loin, il est certaines exceptions à cette règle.

1° *Fonctionnaires civils n'ayant pas été mobilisés.* — Les maxima ci-dessus ne peuvent être dépassés.

2° *Fonctionnaires civils ayant été mobilisés.* — Ils peuvent, compte tenu de leurs annuités supplémentaires acquises au titre des bénéfices de campagne pendant la guerre 1914-1919, obtenir le décompte de 15 annuités en sus du minimum.

Les fonctionnaires du cadre actif peuvent donc ainsi obtenir une pension allant jusqu'à $25/50 + 15/50 = 40/50$, si leur traitement moyen est supérieur à 8.000 francs; et jusqu'à $30/50 + 15/50 = 45/50$, si leur traitement moyen est inférieur à 6.667 francs.

Ceux dont le traitement moyen est compris entre 6.667 francs et 8.000 francs, peuvent obtenir, en sus de 4.000 francs, $15/50$ de leur traitement moyen.

3° *Militaires entrés au service après le 23 octobre 1919.* — Les officiers ne peuvent, en aucun cas, dépasser le maximum des trois quarts de leur solde moyenne ou 18.000 francs (art. 34).

Les sous-officiers peuvent obtenir $30/50 + 15/50 = 45/50$.

4° *Militaires entrés au service avant le 24 octobre 1919.* — Les officiers peuvent obtenir $25/50 + 15/50 = 40/50$ (compte tenu des annuités supplémentaires acquises, au titre de bénéfices de campagnes, pendant la guerre).

Les sous-officiers peuvent obtenir $30/50 + 15/50 = 45/50$.

E. — *Caporaux et soldats.*

Les pensions des caporaux ou des militaires de l'armée de terre et de mer de grade correspondant, varient entre un minimum de 2.120 francs et un maximum de 2.550 francs. Celles des soldats et marins, entre un minimum de 1.920 francs et un maximum de 2.220 francs. Chaque annuité en sus de celles nécessaires pour avoir droit au minimum corespond à $1/15^e$ de la différence entre le maximum et le minimum (art. 34).

F. — *Militaires de la gendarmerie.*

Les pensions des militaires non officiers de la gendarmerie sont augmentées, pour chaque année d'activité passée dans la gendarmerie au-delà de quinze ans de services militaires effectifs, des majorations fixées par l'article 41.

Aucune réserve n'est formulée, ni à l'article 2, ni à l'article 34, et il est à craindre que ces majorations ne puissent être allouées en sus du maximum.

C'est une question importante que devra trancher le règlement d'administration publique.

G. — *Officiers visés par l'article 116 de la loi de finances du 30 juin 1923.*

Les officiers visés par l'article 116 de la loi de finances du 30 juin 1923, qui peuvent être mis à la retraite avec le grade supérieur et la jouissance de la pension de ce grade, continueront à bénéficier des avantages de cette loi, sans qu'il soit tenu compte de la solde moyenne de leurs trois dernières années d'activité (art. 2).

Leur pension sera donc calculée sur la base de la solde du grade supérieur obtenu.

Cette disposition a un effet rétroactif et s'applique aux officiers de cette catégorie mis à la retraite depuis le 1er janvier 1923 (art. 2).

II. — *Décompte de la pension d'ancienneté.*

1° *Fonctionnaires civils.* — Ainsi qu'il a été indiqué, et en règle générale, au minimum de la pension acquis à vingt-cinq ou trente ans de service s'ajoutent les annuités supplémentaires calculées sur la base du 1/50e ou 1/60e, jusqu'à concurrence de 15 pour le cadre sédentaire, de 12 1/2 pour le cadre actif (15 pour les fonctionnaires du cadre actif mobilisés).

Les services militaires qui n'ont donné lieu ni à pension ni à solde de réforme sont liquidés, soit comme services militaires, d'après le taux qui leur serait applicable au moment de la cessation desdits services, soit comme services civils actifs, suivant que l'une ou l'autre de ces liquidations est plus favorable au fonctionnaire (art. 13).

Les services militaires qui ont été déjà rémunérés, soit par une pension de retraite, soit par une pension ou une solde de réforme, n'entrent pas en compte dans le calcul de la pension. Toutefois, pour les retraités militaires terminant leur carrière dans un emploi civil, si la liquidation civile du temps de service obligatoire donne un produit supérieur à la liquidation militaire de cette période, la pension civile sera majorée de la différence entre la liquidation civile et la liquidation militaire (art. 13).

Les bénéfices de campagne sont liquidés sur la base du 1/50e du traitement moyen (art. 14).

2° *Militaires.* — Pour vingt-cinq ou trente annuités, selon le cas, le minimum est acquis. A ce minimum, il faut ajouter autant de 1/50e qu'il y a d'annuités supplémentaires, jusqu'à concurrence de 15 pour les officiers ayant servi pendant les hostilités et pour tous les hommes de troupe; jusqu'à concurrence de 12 1/2 pour les autres officiers.

3° *Bonifications*. — Les bonifications pour familles nombreuses s'ajoutent au résultat obtenu pour les pensions civiles ou militaires, sans qu'elles puissent avoir pour effet de dépasser les maxima.

4° *Indemnités pour charges de famille*. — Elles sont servies en sus du résultat obtenu, même en sus du maximum, s'il est atteint (voir § III, C., ci-dessus).

5° *Barèmes*. — Les barèmes annexés ci-après (1) ont été établis compte tenu des indications qui précèdent. Ils indiquent les pensions dues pour un traitement ou un grade déterminé, lorsque les intéressés ont perçu la solde ou le traitement pendant au moins trois années.

Au résultat qu'ils annoncent, il faut ajouter, s'il y a lieu, les bonifications pour familles nombreuses (dans la limite des maxima) et les indemnités pour charges de famille pouvant être dues.

---

(1) Voir pages 56 à 66.

CHAPITRE IV.

Droit à pension des fonctionnaires civils.

§ 1. — PENSION D'ANCIENNETÉ.

A. — *Règles générales.*

Le droit à pension d'ancienneté des fonctionnaires civils est subordonné à deux conditions : condition d'âge et condition de durée des services.

Pour les fonctionnaires du cadre sédentaire, il est acquis à soixante ans d'âge et trente ans accomplis de services effectifs (art. 8).

Pour les fonctionnaires qui ont passé au moins quinze ans dans le cadre actif, il est acquis à 55 ans d'âge et à vingt-cinq ans de service (art. 8). Toutefois, les agents du service actif des douanes, les préposés et agents des eaux et forêts, jusques et y compris le grade d'inspecteur, ont droit à pension lorsqu'ils réunissent vingt-cinq ans de services effectifs et 50 ans d'âge (art. 78 et loi du 25 juin 1914, art. 1er). Il en est de même du personnel de surveillance des services pénitentiaires (gardiens et gardiens-chefs), ainsi que des commissaires de police et inspecteurs de police spéciale et mobile et des agents de police d'Etat (art 78).

Il est bon de souligner qu'il suffit qu'un fonctionnaire ait effectué quinze années de services actifs pour que s'ouvre le droit à pension à vingt-cinq ans de services, les conditions d'âge étant simultanément remplies. D'autre part, tous les services qu'il a accomplis dans la partie active au delà du jour où s'ouvre ce droit, sont décomptés comme services actifs (1). Enfin, les services militaires accomplis par les fonctionnaires civils sont assimilés à des services actifs (art. 13).

Dès lors que les conditions exigées d'âge et de durée de service sont remplies simultanément, le fonctionnaire bénéficie d'un droit absolu à pension (art. 11). Il y a là une amé-

---

(1) Déclaration du commissaire du gouvernement (Sénat, 12 avril 1924; *J. O.*, p. 795).

lioration appréciable des dispositions de la loi du 9 juin 1853.

Toutefois, la demande de mise à la retraite, doit faire l'objet d'un préavis de six mois de la part de l'intéressé (art. 11).

L'Etat. à partir du jour où les conditions sont remplies. peut également admettre d'office l'intéressé à la retraite (art. 11).

En tout cas, nul ne peut, en principe, servir au delà des limites d'âge qui seront fixées, suivant les catégories d'emploi et les services, par des règlements d'administration publique (art. 8).

Ces règlements d'administration publique devront respecter le texte de l'article 3 de la loi de finances du 30 juin 1923 (1), qui maintient en service jusqu'à 60 ou 65 ans les fonctionnaires pères de famille nombreuse (2).

Les dispositions prévues en la matière par les lois organiques sont maintenues. Les règlements d'administration publique à élaborer ne pourront viser que les fonctionnaires qui n'ont pas de statut légal spécial au point de vue de la limite d'âge (3).

Enfin, les fonctionnaires qui, dégagés de toute obligation militaire, ont contracté un engagement pour la durée de la guerre dans une arme combattante, auront la faculté de prolonger leur service au delà de l'époque où s'ouvre *leur droit à pension* d'un temps égal à celui de leur mobilisation, sauf avis contraire du conseil d'enquête établi en exécution de l'article 3 de la loi du 30 juin 1923 (1) (art. 79, dernier alinéa). Par époque à laquelle s'ouvre le droit à pension, il faut entendre la date à laquelle le fonctionnaire a rempli à la fois les conditions d'âge et de temps de service qui créent ce droit en sa faveur (4).

---

(1) Voir aux Annexes.

(2) Déclaration du commissaire du gouvernement (Sénat, 11 avril 1924; J. O., p. 771).

(3) Déclaration du commissaire du gouvernement (Sénat, 11 avril 1924; J. O., p. 772).

(4) Déclaration du commissaire du gouvernement (Sénat, 11 avril 1924; J. O., p. 779).

B. — *Services à considérer.*

1° SERVICES PROPREMENT DITS. — Les services civils, y compris les services auxiliaires, temporaires ou d'aide accomplis dans différents établissements ou administrations de l'Etat, sont comptés à partir de l'âge de 18 ans, sous réserve du versement rétroactif, lors de l'admission définitive dans les cadres, des retenues légales calculées sur le traitement initial de fonctionnaire titulaire (art. 10). Il en est de même du temps de surnumérariat ou de stage accompli après l'âge de 18 ans (art. 10 et loi du 8 avril 1910, art. 85) (1).

Ces nouvelles dispositions sont applicables aux fonctionnaires titulaires en exercice au 15 avril 1924 (art. 10). Ceux qui voudront bénéficier de ces dispositions devront, même s'ils n'ont pas touché de traitement pendant la période considérée, opérer des versements de retenues rétroactives suivant les prescriptions de l'article 85 de la loi du 25 avril 1910 (2), c'est-à-dire calculées sur le traitement initial de fonctionnaire titulaire et effectués dans le délai d'un an.

Les services militaires accomplis dans les armées de terre et de mer concourent avec les services civils pour la détermination du droit à pension, *quelle que soit la durée de chacun de ces services* (art. 12).

2° BONIFICATION DE SERVICES. — Les services civils rendus hors d'Europe sont comptés pour un tiers en sus de leur durée effective. Ils sont comptés seulement pour un quart dans les services sédentaires rendus dans les territoires civils de l'Afrique du Nord (art. 9).

Les bénéfices actuels d'études préliminaires sont maintenus (3). Etant données les difficultés que soulevait leur suppression, le Parlement a décidé de maintenir le *statu quo* (4). Aucune modification n'est apportée au texte exis-

---

(1) Voir aux annexes.

(2) Déclaration du commissaire du gouvernement (Sénat, 10 décembre 1923; J. O., p. 1814).

(3) Adoption de l'amendement Ducos (Chambre, 23 mai 1923; J. O., p. 2059).

(4) Déclaration du rapporteur (Chambre, 23 mai 1923; J. O., p. 2059).

tants, sinon une précision sur l'âge à partir duquel on peut faire entrer en ligne de compte ces bénéfices (1).

Enfin, les femmes fonctionnaires ou employées bénéficient d'une bonification d'une année de service pour chacun des enfants qu'elles ont eus (art. 18).

Les bénéfices de campagnes, supputés comme il est prescrit aux articles 36 et 37 pour les militaires, sont attribués aux fonctionnaires civils, *anciens combattants*, qui peuvent y prétendre, lorsqu'ils réunissent les conditions voulues pour l'admission à la retraite (art. 14). Ils offrent donc un autre caractère que les bonifications précédentes; celles-ci entrent en compte pour le calcul des années de service ouvrant droit à pension. Les annuités pour campagnes, au contraire, ne sont pas à considérer pour la détermination du nombre d'années de service exigé en ce qui concerne le droit à pension.

Ainsi, un fonctionnaire du cadre actif, ancien combattant, ayant vingt-trois ans de service et 5 campagnes, n'a pas droit à pension, même s'il a 55 ans; deux ans plus tard, il aura droit à pension, puisqu'il réunira vingt-cinq ans de service, et sa pension sera calculée sur $25 + 5 = 30$ annuités.

Par *ancien combattant*, il faut entendre les mobilisés qui ont été définis par la loi sur les emplois réservés (2) (loi du 30 janvier 1923). L'article 2 du règlement d'administration publique pour l'application de cette loi donne la définition suivante :

« Sont seuls considérés comme « anciens combattants », au regard de la loi du 30 janvier 1923, les militaires et marins qui, au cours des hostilités, se sont trouvés, soit après, soit avant l'institution de l'indemnité de combat, dans une des situations prévues par les instructions ministérielles comme donnant droit à cette indemnité. »

---

(1) Déclaration du commissaire du gouvernement (Sénat, 11 avril 1924; *J. O.*, p. 771).

(2) Déclaration de M. Hervey, auteur de l'amendement introduisant les mots « anciens combattants » (Sénat, 13 décembre 1923; *J. O.*, p. 1878).

Les règles ci-dessus visant les campagnes sont applicables aux services aériens exécutés par le personnel civil donnant droit à des bonifications telles qu'elles sont déterminées par l'article 37 pour les militaires (art. 14).

3° CAS PARTICULIERS. — a) *Fonctionnaires détachés.* — Comptent pour le droit à pension les services accomplis par les fonctionnaires et employés civils qui, détachés, dans les conditions prévues à l'article 33 de la loi du 30 décembre 1913 (1), sans cesser d'appartenir au cadre permanent d'une administration publique, et en conservant leurs droits à l'avancement hiérarchique, sont rétribués en tout ou partie sur les fonds des départements, des communes, des colonies, des établissements publics ou privés, des gouvernements étrangers (art. 15).

Ces agents doivent, toutefois, supporter les retenues prévues par la loi du 14 avril 1924 sur le traitement d'activité afférent à leur grade et à leur classe dans le service dont ils sont détachés (art. 15). Ils ne peuvent être admis à la retraite qu'autant qu'ont pris fin les fonctions occupées en leur qualité de détachés (art. 33 de la loi du 30 décembre 1913) (1).

b) *Fonctionnaires députés ou sénateurs.* — Les dispositions ci-dessus, en ce qui concerne la conservation de leurs droits à pension, sont applicables aux fonctionnaires et agents de l'Etat pourvus d'un mandat législatif et ne pouvant, en raison de cette circonstance, continuer d'exercer leur emploi (loi du 21 octobre 1919) (2).

c) *Fonctionnaires en disponibilité ou en non-activité.* — Est compté comme service effectif, dans la limite maximum de cinq ans, pour les droits à la retraite, le temps passé dans la position de disponibilité ou de non-activité, pour les fonctionnaires et employés civils, sous réserve que les intéressés subissent pendant ce temps, sur leur dernier trai-

---

(1) Voir aux Annexes.
(2) Rapport Lugol, n° 4225.

tement d'activité, les retenues prescrites par la loi (art. 16).

Ces dispositions ont pour but le maintien, la mise au point et l'unification de nombreux textes spéciaux (art. 10 de la loi du 9 juin 1853, art. 42 de la loi du 25 février 1901, décrets du 13 octobre 1851 et du 24 juin 1910) (1).

Le bénéfice des droits acquis est respecté et la limite maximum de cinq ans ne joue pas pour les fonctionnaires qui, au 15 avril 1924, se trouvaient en non-activité ou en disponibilité (2).

C. — Age à considérer.

1° *Age légal.* — Ainsi qu'il a été précisé plus haut, l'âge prévu pour le droit à pension est fixé à 60 ans pour les fonctionnaires du cadre sédentaire et à 55 ans pour ceux du cadre actif (50 ans pour les agents du service actif des douanes, les préposés des eaux et forêts jusqu'au grade d'inspecteur inclus, les personnels de surveillance des services pénitentiaires, les commissaires de police, les inspecteurs de police spécial et mobile et les agents de police d'Etat).

2° *Bonification.* — L'âge prévu ci-dessus est réduit d'un an pour chaque période de trois années de services sédentaires ou de deux années de services actifs accompli hors d'Europe (art. 9).

Les services aériens exécutés par le personnel civil confèrent, pour chaque période de deux années, une réduction d'une année de l'âge légal (art. 14).

Enfin, les femmes fonctionnaires ou employées bénéficient d'une bonification d'âge d'une année pour chacun des enfants qu'elles auront eus (art. 18).

3° *Dispense d'âge.* — Le fonctionnaire qui, ayant accompli le nombre d'années de services exigé (vingt-cinq ou trente), est reconnu par le Ministre, après avis d'un méde-

---

(1) Rapport Henry Béranger, n° 763.
(2) Déclaration du rapporteur (Chambre, 23 mai 1923; J. O., p. 2667).

cin assermenté, hors d'état de continuer ses fonctions, est dispensé de la condition d'âge (art. 8).

§ II. — Départs anticipés.

A. — Départ en raison d'une invalidité mettant les intéressés dans l'impossibilité de continuer leur service.

1° Constatation de l'invalidité. — Lorsque les fonctionnaires et employés civils se trouvent dans l'impossibilité absolue de continuer leur service par suite de maladie, de blessures ou d'infirmités graves dûment établies, ils peuvent être admis à la retraite, soit sur leur demande, soit d'office.

L'invalidité est constatée par une commission de réforme composée d'un médecin assermenté de l'administration, de trois agents désignés par le Ministre, et de deux agents du même service que l'intéressé élus par leurs collègues.

L'intéressé a le droit de prendre connaissance de son dossier et de faire entendre par la commission de réforme un médecin de son choix (art. 20).

Si l'invalidité est constatée et s'il est reconnu qu'elle met le fonctionnaire dans l'impossibilité absolue de continuer son service, ce fonctionnaire a droit, quels que soient son âge et la durée de ses services, à une pension à payement immédiat dont le taux diffère selon que l'infirmité est imputable ou non au service (art. 20).

2° Cas d'invalidité imputable au service. — a) *Pension exceptionnelle.* — Les fonctionnaires et employés civils qui sont mis hors d'état de continuer leur service, soit par suite d'un acte de dévouement dans un intérêt public, soit en exposant leurs jours, pour sauver la vie d'une ou plusieurs personnes, soit par suite de lutte soutenue ou d'attentat subi à l'occasion de leurs fonctions, ont droit à une pension dont le taux est égal aux trois quarts du dernier traitement d'activité (art. 19).

Si, par suite de l'exercice de leurs fonctions, les infirmités ou maladies contractées dans la zone des armées pendant la guerre 1914-1919, par les fonctionnaires anciens combattants, viennent à s'aggraver au point de les mettre dans l'impossibilité de remplir leurs fonctions, ils ont droit à cette même pension exceptionnelle dont le taux est accru des bénéfices de campagnes (art. 79, alinéa 2e).

b) *Pension due pour une invalidité imputable au service.* — Si l'invalidité résulte de l'exercice de ses fonctions, le fonctionnaire a droit à une pension dont le montant est égal au tiers du dernier traitement d'activité, sans pouvoir être inférieur à 1.500 francs, ou à la pension calculée, pour chaque année de services, à raison de 1/30e ou 1/25e de la pension minimum, ces services étant accrus, s'il y a lieu, de la bonification coloniale et, pour les anciens combattants, des bénéfices de campagnes (art. 21).

Toutefois, en raison du risque colonial, les pensions des fonctionnaires coloniaux ne peuvent alors être inférieures au minimum de la pension d'ancienneté afférente au dernier traitement d'activité, les services étant accrus des bonifications coloniales et du bénéfice des campagnes (art. 21).

3° Cas d'invalidité non imputable au service. — a) *Le fonctionnaire compte au moins quinze ans de service.* — Si le fonctionnaire compte au moins quinze ans de service, bonifiés, le cas échéant, il a droit à une pension calculée d'après le nombre de ses annuités, à raison, pour chacune d'elles, de 1/60e ou de 1/50e du traitement moyen (art. 22).

b) *Le fonctionnaire compte moins de quinze ans de service.* — Il lui est alloué une rente viagère, à jouissance immédiate, constituée à la Caisse nationale des retraites pour la vieillesse, par le versement à cette Caisse des retenues qu'il a subies, augmentées des intérêts calculés au taux bonifié par ses déposants par la Caisse d'épargne et de prévoyance de Paris, à l'époque de la cessation des fonctions.

Ce versement est, au gré de l'intéressé, opéré à capital aliéné ou à capital réservé. Au montant de la rente ainsi constituée s'ajoute une subvention définitive de l'Etat, égale au montant du capital constitutif de cette rente et versée à capital aliéné à la même Caisse (art. 22).

B. — *Départ qui ne résulte pas d'une invalidité mettant le fonctionnaire dans l'impossibilité de continuer son service.*

a) RÈGLES GÉNÉRALES. — Les fonctionnaires qui, en dehors du cas d'invalidité les mettant dans l'impossibilité de continuer leur service, viennent à quitter leur service avant d'obtenir une pension de retraite, ont droit au remboursement des retenues qu'ils ont subies (art. 17).

Le produit de cette retenue, majoré de ses intérêts calculés comme il a été indiqué ci-dessus, est transféré à la Caisse nationale d'assurances en cas de décès, pour servir à la constitution, au profit de l'intéressé, d'une assurance à capital différé dont l'échéance est fixée au plus tôt à l'expiration d'un délai de cinq ans à dater du départ du fonctionnaire (art. 17).

Ce transfert peut, au choix du bénéficiaire, être effectué à capital aliéné ou à capital réservé (art. 17).

Le remboursement n'est dû qu'en ce qui concerne les retenues subies effectivement; il n'est pas dû en cas de révocation (1).

b) FEMMES FONCTIONNAIRES MARIÉES OU MÈRES DE FAMILLE. — Les femmes fonctionnaires mères de famille qui auront accompli quinze années au moins de services effectifs,

---

(1) Déclarations du Ministre des finances (Chambre, 5 avril 1924; J. O., p. 1835) et du commissaire du gouvernement (Chambre, 5 avril 1924; J. O., p. 1834).

ont droit à une pension proportionnelle calculée, pour chaque année de service à raison de 1/60° ou 1/50° de leur traitement moyen. Mais la jouissance de cette pension est différée jusqu'au jour où les intéressées auraient acquis le droit à pension d'ancienneté (art. 17).

Ces dispositions s'appliquent aux femmes veuves ou non mariées ayant un ou plusieurs enfants (1). Enfin, les femmes fonctionnaires, mères de trois enfants vivants, quittant leurs fonctions sans avoir droit à pension, peuvent demander le remboursement immédiat de leurs retenues bonifiées de leurs intérêts (art. 17). Si elles demandent ce remboursement, et qu'elles aient accompli au moins quinze ans de service, elles ne peuvent plus, évidemment, prétendre à la pension proportionnelle à payement différé.

c) CAS DE REPRISE DE SERVICE. — Les fonctionnaires qui, ayant quitté le service, sont remis en activité, soit dans l'administration dont ils faisaient partie, soit dans une autre administration publique, bénéficient, pour la retraite, de la totalité de leurs services, sous conditions qu'ils reversent au Trésor les retenues qui, éventuellement, leur auraient été remboursées (art. 17).

C. — *Disposilions spéciales aux fonctionnaires anciens combattants.*

Les fonctionnaires anciens combattants peuvent obtenir une retraite anticipée. L'âge et la durée des services à partir desquels cette demande est recevable sont ceux applicables aux fonctionnaires de leur catégorie, déduction faite d'un nombre d'années égal à la moitié des années de services accomplies pendant la campagne 1914-1919 (art. 79, § 1ᵉʳ).

---

(1) Déclaration du rapporteur (Chambre, 23 mai 1923; *J. O.*, p. 2068).

CHAPITRE V.

Droits à pension des militaires.

§ I. — PENSIONS D'ANCIENNETÉ.

A. — *Règles générales.* — Le droit à pension d'ancienneté est subordonné à une seule condition : condition de durée des services; dès lors que cette condition est remplie, les intéressés, quel que soit leur âge, ont un droit absolu à pension. Aucun préavis ne leur est imposé.

Le droit à la pension d'ancienneté est acquis, en principe, pour les officiers des armées de terre et de mer, à trente ans accomplis de services militaires effectifs et, pour les personnels militaires non officiers, à vingt-cinq ans accomplis de services militaires effectifs (art. 30).

Il est acquis à vingt-cinq ans de services militaires effectifs pour les officiers de toutes armes, de tous corps ou services des armées de terre et de mer, lorsqu'ils comptent au moins six ans de services accomplis *hors d'Europe* ou en navigation (art. 30).

A titre exceptionnel, le temps passé par un officier des troupes coloniales entre le 2 août 1914 et le 11 novembre 1918, sur l'un quelconque des théâtres d'opérations autres que les colonies ou pays de protectorat français, lui est compté pour la moitié de sa durée effective, comme temps de séjour aux colonies (art. 30).

Les militaires de l'armée métropolitaine, les marins et assimilés ne bénéficient pas de cette disposition relative au service accompli pendant la guerre (1).

Sont assimilées au service en navigation les fonctions remplies par les officiers des armées de terre et de mer appartenant aux personnels volants ou navigants de l'aéronautique, sous la réserve qu'ils justifient de quatre années de services aériens (art. 30).

---

(1) Disjonction de l amendement Goude (Chambre, 5 avril 1924; *J. O.*, p. 1837).

Ont également droit à la pension d'ancienneté après vingt-cinq ans accomplis de services effectifs, les officiers qui, bien que ne réunissant pas six ans de services hors d'Europe ou en navigation, ont été placés en non-activité pour infirmités temporaires et reconnus, par un conseil d'enquête, non susceptibles d'être rappelés à l'activité (art. 30).

B. — *Services à considérer.* — Le point de départ des services se compte d'après les règles fixées par les lois de recrutement, sans pouvoir remonter avant l'âge de 16 ans (art. 31).

Les services effectifs, pour les élèves des grandes écoles militaires et navales et dans les écoles militaires préparatoires de l'Etat et à l'Ecole coloniale, se comptent du jour de l'entrée à l'école, sans pouvoir remonter avant l'âge de 16 ans (art. 31).

Il n'y a rien de changé pour le décompte actuel du bénéfice d'études préliminaires. Ces études continuent d'être réglées par les lois existantes, soit par la voie des décrets et règlements d'administration publique (1).

Les services civils entrent en compte pour l'établissement du droit à pension, quelle que soit la durée des services civils ou militaires (art. 32).

C. — *Bonification de services.* — En sus de la durée effective de leur service, les militaires bénéficient, mais pour le décompte du taux de la pension seulement, des annuités supplémentaires pour campagnes décomptées doubles, simples, ou pour moitié, en sus des services correspondants dans les conditions fixées par les articles 36 à 40.

§ II. — Départ anticipé.

A. — *Départ en raison d'une invalidité rendant les intéressés définitivement incapables de remplir leur service.*

1° *L'infirmité est imputable au service.* — Les intéressés

---

(1) Déclaration du commissaire du gouvernement (Sénat, 11 avril 1924; J. O., p. 774).

ont droit, en principe, à la pension du taux prévu, pour leur grade et leur degré d'invalidité, par la loi du 31 mars 1919. Toutefois, si leur infirmité est attribuable à un service accompli en opérations de guerre, ils peuvent opter pour la pension mixte prévue par l'article 59 de la même loi.

En aucun cas, la pension d'invalidité du grade ou mixte qui leur est accordée ne peut être inférieure à la pension minimum d'ancienneté du grade, augmentée des annuités pour campagnes acquises par l'intéressé (art. 47).

Il convient d'insister tout particulièrement sur ce que ces diverses dispositions ne visent que les militaires atteints d'une infirmité définitive et grave atteignant au moins 60 p. 100 (1) et que l'infirmité doit être incurable (2).

Si l'infirmité est inférieure à 60 p. 100 ou n'est pas incurable, les intéressés ne peuvent prétendre, s'ils demandent leur radiation des cadres, qu'à la pension prévue pour leur grade par la loi du 31 mars 1919.

2° L'infirmité n'est pas imputable au service. — Deux cas sont à considérer :

a) Le militaire avait accompli au moins quinze ans de service.

Il a droit à pension proportionnelle calculée dans les conditions indiquées plus loin, et à jouissance immédiate (art. 45).

b) Le militaire avait accompli moins de quinze ans de service.

Les officiers reçoivent, pendant un temps égal à la durée de leur service, une solde de réforme égale aux deux tiers du minimum de la pension qui leur serait allouée s'ils étaient admis à la retraite à titre d'ancienneté de services (art. 45).

---

(1) Déclaration du rapporteur (Chambre, 5 juin 1923; *J. O.*, p. 2339).
(2) Déclaration du Sous-Secrétaire d'Etat (Chambre, 5 juin 1923; *J. O.*, p. 2339).

Les sous-officiers qui sont réformés après cinq ans de services reçoivent, pendant un temps égal à la durée de leurs services effectifs, une solde de réforme égale au montant de la pension proportionnelle de leur grade (art. 45).

B. — *Départ pour raison disciplinaire.*

(*Officiers mis en réforme par mesure disciplinaire.*)

Deux cas sont encore à considérer :

a) L'officier avait accompli au moins quinze ans de service.

Il reçoit une pension proportionnelle calculée dans les conditions indiquées plus loin, mais cette pension est exclusive de toute majoration pour bénéfice de campagne (art. 45).

b) L'officier avait accompli moins de quinze ans de service.

Il reçoit, pendant un temps égal à la durée de ses services, une solde de réforme égale à la moitié du minimum de la pension qui lui serait alloué s'il était admis à la retraite à titre d'ancienneté de service (art. 45).

C. — *Départs volontaires.*

1° *Pension proportionnelle.* — Les militaires et marins de tous grades et de tous les corps peuvent être admis, sur leur demande, après quinze ans de services effectifs et 33 ans d'âge, au bénéfice d'une pension de retraite proportionnelle (art. 44).

Si le total des annuités (services et campagnes) est inférieur à 25 ou 30, selon le cas, la pension correspond à autant de 1/25° ou 1/30° du minimum que l'intéressé a d'annuités.

Si le total des annuités (services et campagnes) est supérieur à 25 ou 30, les annuités en sus de 25 ou 30 sont ajoutées au minimum à raison, pour chacune, de 1/50° de la solde moyenne et jusqu'à concurrence du maximum.

La jouissance de cette pension est immédiate pour les hommes de troupe. Elle est différée, pour les officiers, jusqu'au jour où le militaire aurait été atteint par la limite d'âge ou aurait eu droit à pension d'ancienneté s'il était resté au service. De plus, le nombre des retraites proportionnelles d'officiers à accorder chaque année sur demande sera déterminé annuellement par la loi de finances (art. 44).

Donc, en ce qui concerne les officiers, la pension proportionnelle n'est pas un droit et est subordonnée à une décision favorable du Ministre, qui ne peut accorder des pensions de ce genre que dans la limite du nombre qui lui est fixé chaque année par la loi.

2° *Les militaires n'ont pas droit à pension, même proportionnelle.* — Les militaires et marins venant à quitter le service pour quelque cause que ce soit, sans pouvoir prétendre à pension, ont droit au remboursement de la retenue subie d'une manière effective sur leur solde, comme il a été indiqué plus haut pour les fonctionnaires civils (art. 44).

Le *statu quo*, en matière de retenue, étant maintenu provisoirement, seuls les officiers peuvent prétendre au bénéfice de cette disposition et, pour les retenues sur la solde budgétaire, du taux d'avant-guerre.

§ III. — Cas particuliers.

A. — *Officiers admis tardivement dans les cadres.* — Les officiers et assimilés admis dans les cadres de l'activité (notamment les officiers de réserve titularisés pendant la guerre dans l'armée active) dans des conditions telles que la durée de leurs services, au moment où ils sont atteints par la limite d'âge, ne serait pas suffisante pour leur donner droit à une pension d'ancienneté, reçoivent une pension proportionnelle calculée dans les conditions indiquées plus haut (art. 46).

Le payement de cette pension sera effectué immédiatement (1).

B. — *Officiers à titre temporaire*. — Une pension proportionnelle calculée comme il vient d'être indiqué et à jouissance immédiate est allouée aux officiers à titre temporaire qui seront ultérieurement mis à la retraite par application de la loi du 22 juillet 1921 (art. 73).

C. — *Réserve spéciale*. — Le projet primitif prévoyait la suppression de la réserve spéciale et l'octroi aux titulaires d'une pension proportionnelle à payement immédiat. Ces dispositions ont été supprimées par la Chambre des députés. Dans ces conditions, la réserve spéciale continue d'exister et les officiers désirant quitter l'armée et remplissant les conditions requises peuvent solliciter, soit une pension proportionnelle à payement différé, soit la solde de réserve spéciale.

Il résulte, toutefois, d'une déclaration faite par le Commissaire du gouvernement à la séance du Sénat du 11 avril 1924 (2), que les officiers en réserve spéciale pourront bénéficier des dispositions de l'article 44, c'est-à-dire de la pension proportionnelle à payement différé. Le gouvernement demandera que cette question soit spécifiée dans le règlement d'administration publique qui doit intervenir.

D. — *Indigènes*. — Les droits à pension d'ancienneté ou à pension proportionnelle pour les militaires indigènes recrutés par voie d'engagement ou d'appel individuel, sont acquis dans les mêmes conditions que pour les militaires français. Le taux et les règles d'allocation de leur pension, pour les militaires indigènes non officiers, seront fixés par des règlements d'administration publique, d'après les conditions de la vie locale (art. 42).

E. — *Militaires étrangers*. — Les militaires servant ou

____

(1) Déclaration du rapporteur (Chambre, 31 mai 1923; J. O., p. 2257).
(2) *Journal officiel*, page 775.

ayant servi au titre étranger ont les mêmes droits à pension que les militaires servant ou ayant servi au titre français, sauf le cas où ils participeraient à un acte d'hostilité contre la France. Toutefois, la pension n'est reversible que si l'intéressé a épousé une Française (art. 43).

§ IV. — Officiers généraux.

Les officiers généraux placés dans la 2ᵉ section de l'état-major général, reçoivent une solde égale au taux de la pension à laquelle ils auraient droit s'ils étaient retraités (art. 35).

CHAPITRE VI.

Droits des veuves et des orphelins.

§ I. — Règles générales.

1° *Base de la pension de veuve.*

Les veuves de fonctionnaires civils et de militaires, ont droit à une pension égale à 50 p. 100 de la retraite d'ancienneté ou proportionnelle ou d'invalidité obtenue par le mari ou qu'il aurait obtenue le jour de son décès, suivant que la durée de ses services lui eût donné droit, à cette date, à une pension d'ancienneté ou proportionnelle ou d'invalidité (art. 23).

2° *Conditions d'antériorité du mariage.*

Le droit à pension ne peut s'ouvrir que si le mariage a été antérieur à l'événement qui a amené le décès ou la mise à la retraite du mari s'il s'agit de circonstances exceptionnelles. Si le droit à pension est fondé sur la durée des services, il faut, en outre, que le mariage ait été contracté deux ans avant la cessation d'activité, à moins qu'il n'existe un ou plusieurs enfants issus de ce mariage. S'il existe un ou plusieurs enfants, il suffira donc, en cette dernière hypothèse, que le mariage ait été antérieur, sans aucune condition de durée, à la cessation d'activité. La jurisprudence admet que la naissance d'un enfant posthume, né du mariage, ouvre le droit à la pension de la veuve si ce mariage était antérieur à la cessation de l'activité (art 23) (1).

3° *Orphelins.*

PREMIER CAS. — La mère est vivante et bénéficie de la pension.

Chaque orphelin a droit, jusqu'à l'âge de 21 ans, à une pension temporaire égale à 10 p. 100 de la pension due au père, sans que le cumul de la pension de la mère et de celle des orphelins puisse excéder le montant de la pension due au père. S'il y a un excédent, il est procédé à la réduction temporaire des pensions d'orphelins (art. 23).

DEUXIÈME CAS. — La mère est prédécédée ou inhabile.

Lorsque la mère est prédécédée, ou lorsqu'elle ne peut obtenir la pension par suite d'inhabilité (divorce, condamnation à une peine afflictive ou infamante, perte de la nationalité française), les droits qui lui appartiendraient passent aux enfants mineurs jusqu'à leur majorité. La pension temporaire de 10 p. 100 est maintenue, mais elle n'est pas attribuée s'il n'y a qu'un orphelin. Lorsqu'il existe plusieurs orphelins, elle n'est attribuée qu'à partir du deuxième. Enfin, la pension due au père ne peut être dépassée (art. 23)(1).

Ces pensions ne peuvent être maintenues au delà de 21 ans, même pour les enfants incapables, infirmes ou incurables (2).

Les enfants naturels reconnus sont assimilés aux orphelins de père et de mère (art. 23).

Les pensions attribuées aux enfants ne peuvent pas, *au total,* être inférieures au montant des indemnités pour charges de famille dont le père bénéficierait de leur chef s'il était vivant (art. 23).

---

(1) Rapport Lugol, n° 4225.
(2) Rejet de l'amendement Mauriès (Chambre, 23 mai 1923; *J. O.,* p. 2072).

4° *Ayants droit de deux lits.*

Lorsqu'il existe une veuve et des enfants d'un premier lit, la pension de la veuve est maintenue à 50 p. 100. Chaque orphelin se voit attribuer 10 p. 100 de la pension due au père. L'ensemble ne peut excéder la pension due au père (art. 24).

Lorsque les enfants mineurs issus de deux lits sont orphelins de père et de mère, la pension qui aurait été attribuée à la veuve se partage par parties égales entre chaque groupe d'orphelins. La pension temporaire de 10 p. 100 est également attribuée, mais seulement à partir du deuxième enfant de chacun des lits. S'il existait des enfants de trois lits différents, les mêmes principes présideraient au partage de la pension entre les représentants des trois lits (1).

5° *Femme séparée de corps ou divorcée* (art. 26).

La femme séparée de corps peut prétendre à pension, à moins que la séparation de corps n'ait été prononcée contre elle ou aux torts respectifs des époux (1).

La femme divorcée a désormais droit à pension, sous deux conditions : *a)* que le divorce soit postérieur au 14 avril 1924; *b)* qu'il n'ait pas été prononcé contre la femme, le divorce « aux torts respectifs » étant considéré, bien entendu, comme prononcé, à cet égard, contre la femme (1).

Si l'ex-mari s'est remarié, la pension qui serait attribuée à la veuve est partagée par moitié entre elle et la femme divorcée. Si l'une des ayants-droits vient à décéder avant l'autre, sa part est reversée sur la survivante ou les orphelins. Les mêmes principes seraient appliqués *mutatis mutandis* s'il existait plusieurs femmes divorcées (1),

6° *Remariage de la veuve.*

L'article 27, calqué sur la disposition qui forme le premier paragraphe de l'article 18 de la loi du 31 mars 1919, autorise la veuve qui se remarie à demander, dans l'année

---

(1) Rapport Lugol, n° 4225.

qui suit son nouveau mariage, aux lieu et place de sa pension viagère, le versement immédiat d'un capital représentant trois annuités de cette pension.

S'il existe des enfants mineurs, ses droits à pension seront transférés sur leurs têtes jusqu'au moment où le dernier d'entre eux aura atteint 21 ans.

Bien entendu, en cette hypothèse, les enfants doivent être traités comme s'ils étaient orphelins. Il n'y aura donc lieu à attribution de la majoration des orphelins qu'à compter du deuxième enfant (1).

7° *Orphelins de femmes fonctionnaires.*

Les orphelins mineurs d'un femme fonctionnaire décédée en jouissance de pension ou en possession de droits à pension, pourront prétendre aux pensions calculées comme il a été indiqué précédemment, si leur père est lui-même décédé (art. 25).

Si leur père est vivant, ils ont droit aux pensions temporaires de 10 p. 100, pensions qui ne peuvent pas, *au total*, être inférieures au montant des indemnités pour charges de famille dont la mère bénéficierait si elle était en vie (art. 25).

8° *Femme ou enfants de pensionné disparu.*

Lorsqu'un titulaire d'une pension ou en possession de droits à pension a disparu de son domicile et que plus d'un an s'est écoulé sans qu'il ait réclamé les arrérages de sa pension, sa femme ou ses enfants mineurs peuvent obtenir, à titre provisoire, la liquidation des droits de réversion qui leur seraient assurés par la loi.

La pension provisoire est transformée en pension définitive lorsque le décès est officiellement établi ou que l'absence a été déclarée par jugement passé en force de chose jugée (art. 55).

---

(1) Rapport Lugol, n° 4225.

§ II. — Règles spéciales aux veuves et orphelins de militaires.

Les règles qui viennent d'être examinées s'appliquent aux veuves et orphelins de militaires (art. 8). La loi prévoit, en outre, certaines dispositions spéciales en leur faveur.

A. — *Veuves de maréchaux de France.*

La pension des veuves des maréchaux de France est fixée à 18.000 francs (art. 48).

B. — *Veuves de militaires décédés après avoir accompli plus de quinze ans de services et moins de vingt-cinq ou trente ans de services.*

La veuve et les orphelins ont droit à la réversibilité de la pension proportionnelle due au militaire ou qui lui aurait été due s'il avait été admis au bénéfice de cette pension. Toutefois, en ce qui concerne les officiers, il faut qu'ils soient décédés soit en activité de service, soit après avoir été admis à pension proportionnelle, même pendant la période où le payement de cette pension est différé.

C. — *Veuves de militaires décédés avant d'avoir accompli quinze ans de services.*

Les veuves de militaires décédés d'une affection non imputable au service et avant d'avoir accompli quinze ans de services ont droit à la réversibilité de la pension constituée à l'aide des retenues bonifiées à la Caisse des retraites pour la vieillesse, ainsi qu'il est indiqué à l'article 22.

C'est dire que, seules, les veuves d'officiers ont actuellement ce bénéfice, puisque le *statu quo*, en matière de retenues militaires, est maintenu.

D. — *Veuves de militaires décédés du fait du service.*

D'une façon générale, les veuves et les orphelins ont

droit aux pensions et majorations prévues par la loi du 31 mars 1919. Toutefois, la pension qui leur reviendrait ne peut être inférieure à la pension réversible constituée dans les conditions prévues par le dernier alinéa de l'article 47 (minimum du grade, augmentée des annuités pour campagnes) (art. 50).

Si le militaire ou marin réunissait les conditions requises pour l'obtention d'une pension basée sur la durée des services, sa veuve et ses orphelins peuvent opter pour la pension indiquée ci-dessus ou pour la pension de réversion de la loi du 14 avril 1924.

Dans ce dernier cas, la pension de réversion d'ancienneté est augmentée de la pension à laquelle la veuve ou les orphelins d'un soldat décédé dans les mêmes conditions pourraient prétendre en vertu de la loi du 31 mars 1919 (art. 51).

CHAPITRE VII.

Caractères généraux des pensions. — Régime financier.

Certains articles du titre III de la loi, sur lesquels il ne paraît pas utile d'insister, fixent les caractères généraux des pensions :

Art. 54 : incessibilité et insaisissabilité des pensions, sauf dans certains cas énumérés.

Art. 56 : suspension de droits à l'obtention ou à la jouissance de la pension.

Art. 57 : droit de réversion en faveur de la femme ou des orphelins pendant la durée de la suspension.

Art. 58 : perte des droits à pension.

Art. 59 à 62 : règles de cumul.

Le titre IV règle certaines dispositions spéciales ou transitoires.

Enfin, le titre V prévoit, pour l'avenir (à partir du 1er janvier 1928), le fonctionnement d'une Caisse des pensions.

CHAPITRE VIII.

Dispositions concernant les pensions déjà concédées.

§ I. — RÈGLES GÉNÉRALES.

Toutes les pensions déjà concédées doivent faire l'objet d'une revision. Les bénéficiaires de ces dispositions sont les fonctionnaires, militaires et marins des catégories qui ont été examinées au chapitre 1er, ainsi que leurs veuves ou orphelins.

Les prêtres retraités d'après la loi de séparation de 1905 étaient, sous le régime du Concordat, considérés comme fonctionnaires. Leur situation sera aussi améliorée. La mesure nécessaire figurera dans le règlement d'administration publique (1).

La revision de toutes les pensions demandera, cela se conçoit, un délai assez long; aussi, pour ne pas faire attendre aux pensionnés une amélioration de leur situation actuelle, l'opération s'effectuera en deux phases.

§ II. — APPLICATION DES COEFFICIENTS.

On multipliera par un des coefficients indiqués ci-après le montant de la pension principale; il ne sera pas fait état de l'indemnité temporaire de cherté de vie allouée par la loi du 12 avril 1922 (720 francs), ni de tous suppléments, majorations ou compléments de pension acquis par application de la loi du 25 mars 1920 (art. 92).

Ainsi un adjudant-chef mis à la retraite le 1er août 1920 après vingt-cinq ans de service et 20 campagnes bénéficie actuellement d'une pension ainsi composée :

---

(1) Déclaration du Ministre des finances (Sénat, 8 décembre 1923; *J. O.*, p. 1780).

Pension principale. 1.400
Majoration de la loi du 25 mars 1920. . . . . 1.075
Complément de la loi du 25 mars 1920. 149

Total. 2.624

Il perçoit, en outre, l'indemnité de cherté de vie de la loi du 12 avril 1922, soit. 720

Il reçoit donc en tout. 3.344

C'est sur 1.400 francs que portera le coefficient.

Les coefficients à appliquer sont les suivants :

Coefficient 3, jusqu'à 900 francs;

Coefficient 2,5, pour les pensions comprises entre 901 et 1.500 francs;

Coefficient 2,25, pour les pensions comprises entre 1.501 et 2.500 francs;

Coefficient 2, pour les pensions comprises entre 2.501 et 6.000 francs.

Pour les pensions supérieures à 6.000 francs, la première fraction de 6.000 francs sera seule affectée du coefficient 2.

Mais, précise l'article 93, le chiffre produit par l'application de ces coefficients sera majoré, le cas échéant, de telle sorte que la pension soit au moins égale à une pension de la catégorie inférieure affectée d'un coefficient plus élevé.

Par suite, en pratique, les coefficients joueront de la façon suivante :

Pension comprise entre 1 et 900 francs : elle sera multipliée par le coefficient 3.

Pension comprise entre 901 et 1.080 francs : elle sera portée à 2.700 francs.

Pension comprise entre 1.080 et 1.500 francs : elle sera multipliée par le coefficient 2,5.

Pension comprise entre 1.501 et 1.666 francs : elle sera portée à 3.750 francs.

Pension comprise entre 1.667 et 2.500 francs : elle sera multipliée par le coefficient 2,25.

Pension comprise entre 2.501 et 2.812 francs : elle sera portée à 5.625 francs.

Pension comprise entre 2.813 et 6.000 francs : elle sera multipliée par le coefficient 2.

Pension supérieure à 6.000 francs : elle sera augmentée de 6.000 francs.

L'adjudant-chef cité dans l'exemple ci-dessus verra donc porter sa pension à :

$$1.400 \times 2,5 = 3.500 \text{ francs.}$$

En attendant la revision effective de sa pension, il percevra donc 3.500 francs aux lieu et place de 3.344 francs.

Enfin, quand plusieurs pensions sont fixées sur la même tête, le coefficient à appliquer est déterminé d'après le total du montant de chaque pension principale.

§ III. — Revision des pensions.

1° *Règles générales.*

Il sera ensuite procédé à la revision des pensions concédées, en tenant compte de ce que la loi prévoit la péréquation des tarifs et non des droits (1). Il n'est donc pas question d'envisager la rétroactivité des droits nouveaux (2).

Par voie de conséquence, les maxima antérieurement prévus par les lois anciennes sont abolis; les pensions doivent être revisées d'après les taux de la nouvelle loi et ne sont limitées que par les maxima nouveaux (3), car la loi prévoit une péréquation de tarifs et, par suite, de plafonds (3).

Par voie de conséquence encore, les bonifications pour familles nombreuses et les indemnités pour charges de fa-

---

(1) Déclaration du Ministre des finances (Chambre, 5 avril 1924; J. O., p. 1854).

(2) Déclaration du rapporteur (Chambre, 5 avril 1924; J. O., p. 1855).

(3) Déclaration du Ministre des finances (Sénat, 12 avril 1924; J. O., p. 794).

mille (dont l'octroi constitue l'ouverture d'un droit nouveau) ne seront pas accordées aux retraités actuels (1). Ces bonifications et indemnités ne sont applicables qu'aux retraités de demain. La péréquation se fait sur la retraite et non sur les bonifications (2).

On tiendra compte, pour les revisions, des éléments ci-après :

a) Services tels qu'ils ont été décomptés lors de la liquidation initiale (art. 94);

b) Traitements et soldes afférents, au 15 avril 1924, aux grades et emplois occupés pendant les trois dernières années de la carrière (art. 94).

Les traitements à envisager sont donc, non pas ceux de 1919, mais ceux actuellement en vigueur, indemnités comprises (3).

A souligner que tous les pensionnés, même ceux dont la pension est calculée sur leur dernier grade, verront leur pension revisée sur la base des traitements ou de la solde qu'ils auraient perçus pendant leurs trois dernières années d'activité si les tarifs de solde actuels avaient alors été en vigueur. Une seule exception est faite à l'art. 30 en faveur des officiers mis à la retraite, par application de l'art. 116 de la loi de finances du 30 juin 1923.

Les annuités seront comptées aux taux qui résulteront de ce traitement moyen (1/50ᵉ ou 1/60ᵉ) (4).

La pension ainsi revisée remplacera, si elle est supérieure, la pension affectée du coefficient (art. 94). Si le résultat obtenu par la péréquation est inférieur au calcul

---

(1) Disjonction de l'amendement Isaac (Chambre, 5 avril 1924; *J. O.*, p. 1854).

(2) Déclaration du rapporteur (Sénat, 11 avril 1924; *J. O.*, p. 768).

(3) Déclaration du Ministre des finances (Sénat, 12 avril 1924; *J. O.*, p. 794).

(4) Déclaration du commissaire du gouvernement (Sénat, 11 avril 1924; *J. O.*, p. 781).

établi à l'aide des coefficients, c'est ce calcul qui sera appliqué (1).

Dans le premier cas, rappel dé la pension revisée sera fait depuis le 15 avril 1924 (2).

Dans l'exemple que nous avons cité précédemment (adjudant-chef ayant vingt-cinq ans de service et 20 campagnes), l'intéressé aura droit à revision sur la base de :

a) 45 annuités ramenées à 40 (maximum de la nouvelle loi);

b) Solde moyenne (en admettant qu'il ait perçu la solde d'adjudant du 1er août 1917 au 31 juillet 1918 et d'adjudant-chef du 1er août 1918 au 31 juillet 1920) de :

$$\frac{5.904 \times 2) + 5.544}{3} = 5.784.$$

La pension sera portée à :

Pour 25 annuités :

$$\text{Minimum} : 5.784 \times \frac{3}{5} = 3.470\ 20$$

Pour 15 annuités supplémentaires :

$$5.784 \times \frac{15}{50} = 1.735\ 20$$

$$\text{Total} : 5.205\ 40$$

Soit : 5.206.

Il recevra un rappel depuis le 15 avril 1924, basé sur un taux annuel de 5.206—3.500 (3) = 1.706.

2° *Grades et emplois supprimés.*

Pour les grades et emplois qui auraient été supprimés, des décrets en Conseil d'Etat, qui doivent être rendus dans les deux mois de la mise en vigueur de la loi, régleront,

---

(1) Déclaration du rapporteur (Chambre, 5 avril 1924; *J. O.*, p. 1855).
(2) Déclaration du Ministre des finances (Sénat, 12 avril 1924; *J. O.*, p. 795).
(3) Sommes perçues à la suite du jeu des coefficients.

pour chaque administration, leur assimilation avec les grades et les emplois actuellement existants (art. 94).

3° Impossibilité de retrouver ou de reconstituer les états de service.

Dans les cas où il serait impossible de retrouver ou de reconstituer les états de service des intéressés, cette impossibilité matérielle sera constatée par la Section des finances du Conseil d'Etat, qui déterminera, par toutes méthodes appropriées, la catégorie de la nouvelle retraite (art. 94).

§ IV. — Maintien des situations actuelles.

Le supplément attribué comme il vient d'être indiqué remplacera l'indemnité de cherté de vie de 720 francs allouée par la loi du 12 avril 1922, qui cessera d'être servie aux bénéficiaires de la loi nouvelle.

Toutefois, *les titulaires de pension*, qui bénéficiaient de cette indemnité avant le 15 avril 1924 et pour lesquels la pension, augmentée du supplément, n'atteindrait pas le montant de leur ancienne pension augmentée de l'indemnité, recevront un complément de pension suffisant pour que leur situation actuelle ne soit pas modifiée (art. 95).

§ V. — Victimes de guerre pensionnées.

A. — *Militaires ou veuves de militaires.*

La loi n'accorde la péréquation qu'aux titulaires d'une pension mixte de l'article 59 (militaires de carrière) ou 60 (militaires de carrière ou veuves de militaires de carrière) de la loi du 31 mars 1919.

Toutefois, l'article 73 autorise ceux des intéressés qui auraient opté pour la pension du taux prévu pour le grade, par la loi du 31 mars 1919, d'opter à nouveau pour l'article 59 (militaires) ou 60 (militaires ou veuves). Ils bénéficieront ainsi des nouveaux tarifs.

Les dispositions de la loi n'ayant pas d'effet rétroactif.

seules les veuves dont le mari avait ouvert droit à pension réversible d'ancienneté (c'est-à-dire qui, sauf les exceptions prévues par la loi du 16 avril 1920 ou celle du 22 juillet 1921 avait accompli au moins vingt-cinq ans de service), peuvent obtenir une amélioration de leur situation actuelle.

B. — *Fonctionnaires civils ou veuves de fonctionnaires civils.*

Les fonctionnaires civils anciens combattants qui, en raison d'infirmités ou maladies contractées dans la zone des armées pendant la guerre 1914-1919, ont été mis dans l'impossibilité de continuer leurs fonctions, par suite de l'exercice même de ces fonctions, ont le droit de demander la revision de leur pension civile actuelle et la transformation de leur pension en pension exceptionnelle du nouveau taux (art. 79, § 4°).

Les veuves et orphelins de fonctionnaires anciens combattants remplissant ces conditions et décédés avant le 15 avril 1924, ont la même faculté (art. 79, § 4°).

CHAPITRE IX.

Veuves dont l'ayant cause est décédé sans avoir droit à pension.

En principe, les veuves dont l'ayant cause est décédé avant le 15 avril 1924, ne peuvent se réclamer de la loi dont les dispositions, ainsi qu'il a été indiqué, n'ont pas d'effets rétroactifs.

Il a cependant été apporté une exception à cette règle fondamentale, en faveur des veuves des fonctionnaires, employés et ouvriers civils, des militaires et marins qui sont décédés *en activité de service* avant le 15 avril 1924, sans avoir droit à pension, par exemple parce qu'ils n'avaient accompli que dix, quinze ou vingt ans de service.

Leurs veuves recevront une allocation annuelle calculée comme il suit :

30 francs par année de service du mari, si celui-ci avait un traitement, une solde ou un salaire inférieur à 3.000 francs;

40 francs par année de service, si le traitement, la solde ou le salaire était compris entre 3.000 et 6.000 francs;

50 francs par année de service, si le traitement, la solde ou le salaire était de 6.000 francs et au-dessus.

Les traitements, soldes ou salaires à considérer sont ceux payés lors du décès et non ceux actuellement en vigueur.

Cette allocation n'est pas réversible sur les orphelins en cas de décès de la mère (1).

Les veuves pourvues d'un emploi public ou d'un bureau de tabac de 1ʳᵉ classe, en raison des services rendus par leur mari, devront opter entre le maintien de l'emploi ou du bureau de tabac et l'allocation annuelle.

---

(1) Rejet de l'amendement Mauger (Sénat, 14 décembre 1923; *J. O.*, p. 1896).

TABLEAU-BARÈME Nº 1.

Fonctionnaires civils.

TABLEAU-BARÈME N° 1. **Fonctionnaires civils.**

Colonnes 2–3 : Cadre sédentaire (Annuité 1/5·, Mensualité). Colonnes 4–5 : Cadre actif (Annuité 1/50, Mensualité). Colonnes 1 à 10 : ANNUITÉS SUPPLÉMENTAIRES (fonctionnaires du cadre sédentaire).

TRAITEMENT MOYEN.	Annuité (1/5·)	Mensualité	Annuité (1/50)	Mensualité	MINIMUM de la PENSION	1	2	3	4	5	6	7	8	9	10
30.000	500	42	600	50	15.000	15.500	16.000	16.500	17.000	17.500	18.000 (2)	18.000 (2)	18.000 (2)	18.000 (2)	18.000 (2)
29.000	483	41	580	48	14.500	14.983	15.466	15.950	16.433	16.916	17.400	17.883	18.000 (2)	18.000 (2)	18.000 (2)
28.000	466	39	560	47	14.000	14.466	14.933	15.400	15.866	16.333	16.800	17.266	17.733	18.000 (2)	18.000 (2)
27.000	450	37	540	45	13.500	13.950	14.400	14.850	15.300	15.750	16.200	16.650	17.100	17.550	18.000 (2)
26.000	433	36	520	43	13.000	13.433	13.866	14.300	14.733	15.166	15.600	16.033	16.466	16.900	17.333
25.000	416	35	500	41	12.500	12.916	13.333	13.750	14.166	14.583	15.000	15.416	15.833	16.250	16.666
24.000	400	33	480	40	12.000	12.400	12.800	13.200	13.600	14.000	14.400	14.800	15.200	15.600	16.000
23.000	383	32	460	38	11.500	11.883	12.266	12.650	13.033	13.416	13.800	14.183	14.566	14.950	15.333
22.000	366	30	440	37	11.000	11.366	11.733	12.100	12.466	12.833	13.200	13.566	13.933	14.300	14.666
21.000	350	29	420	35	10.500	10.850	11.200	11.550	11.900	12.250	12.600	12.950	13.300	13.650	14.000
20.000	333	28	400	33	10.000	10.333	10.666	11.000	11.333	11.666	12.000	12.333	12.666	13.000	13.333
19.000	316	26	380	32	9.500	9.816	10.133	10.450	10.766	11.083	11.400	11.716	12.033	12.350	12.666
18.000	300	25	360	30	9.000	9.300	9.600	9.900	10.200	10.500	10.800	11.100	11.400	11.700	12.000
17.000	283	23	340	28	8.500	8.783	9.066	9.350	9.633	9.916	10.200	10.483	10.766	11.050	11.333
16.000	266	22	320	27	8.000	8.266	8.533	8.800	9.066	9.333	9.600	9.866	10.133	10.400	10.666
15.000	250	21	300	25	7.500	7.750	8.000	8.250	8.500	8.750	9.000	9.250	9.500	9.750	10.000
14.000	233	20	280	23	7.000	7.233	7.466	7.700	7.933	8.166	8.400	8.633	8.866	9.100	9.333
13.000	216	18	260	22	6.500	6.716	6.933	7.150	7.366	7.583	7.800	8.016	8.233	8.450	8.666
12.000	200	17	240	20	6.000	6.200	6.400	6.600	6.800	7.000	7.200	7.400	7.600	7.800	8.000
11.000	183	15	220	18	5.500	5.683	5.866	6.050	6.233	6.416	6.600	6.783	6.966	7.150	7.333
10.000	166	14	200	17	5.000	5.166	5.333	5.500	5.666	5.833	6.000	6.166	6.333	6.500	6.666
9.000	150	12	180	15	4.500	4.650	4.800	4.950	5.100	5.250	5.400	5.550	5.700	5.850	6.000
8.000	133	11	160	14	4.000	4.133	4.266	4.400	4.533	4.666	4.800	4.933	5.066	5.200	5.333
7.000	116	10	140	12	4.000	4.116	4.233	4.350	4.466	4.583	4.700	4.816	4.933	5.050	5.166
6.000	100	8	120	10	3.600	3.700	3.800	3.900	4.000	4.100	4.200	4.300	4.400	4.500	4.500
5.000	83	7	100	8	3.000	3.083	3.166	3.250	3.333	3.416	3.500	3.583	3.666	3.750	3.750
4.000	66	5	80	7	2.400	2.466	2.533	2.600	2.666	2.733	2.800	2.866	2.933	3.000	3.000
3.000	50	4	60	5	1.800	1.850	1.900	1.950	2.000	2.050	2.100	2.150	2.200	2.250	2.250
2.000	33	3	40	3	1.200	1.233	1.266	1.300	1.333	1.366	1.400	1.433	1.466	1.500	1.500

(2) Pour les fonctionnaires ayant servi pendant les hostilités, toutes les annuités supplémentaires

Fonctionnaires civils.

Colonnes 11 à 15 : ANNUITÉS SUPPLÉMENTAIRES (du cadre sédentaire). Colonnes 1 à 9 : ANNUITÉS SUPPLÉMENTAIRES (fonctionnaires du cadre actif).

11	12	13	14	15	1	2	3	4	5	6	7	8	9
18.000 (2)	18.000 (2)	18.000 (2)	18.000 (2)	18.000 (2)	15.600	16.200	16.800	17.400	18.000 (2)	18.000 (2)	18.000 (2)	18.000 (2)	18.000 (2)
18.000 (2)	18.000 (2)	18.000 (2)	18.000 (2)	18.000 (2)	15.080	15.660	16.240	16.820	17.400	17.980	18.000 (2)	18.000 (2)	18.000 (2)
18.000 (2)	18.000 (2)	18.000 (2)	18.000 (2)	18.000 (2)	14.560	15.120	15.680	16.240	16.800	17.360	17.920	18.000 (2)	18.000 (2)
18.000 (2)	18.000 (2)	18.000 (2)	18.000 (2)	18.000 (2)	14.040	14.580	15.120	15.660	16.200	16.740	17.280	17.820	18.000 (2)
17.766	18.000 (2)	18.000 (2)	18.000 (2)	18.000 (2)	13.520	14.040	14.560	15.080	15.600	16.120	16.640	17.160	17.680
17.083	17.500	17.916	18.000 (2)	18.000 (2)	13.000	13.500	14.000	14.500	15.000	15.500	16.000	16.500	17.000
16.400	16.800	17.200	17.600	18.000 (2)	12.480	12.960	13.440	13.920	14.400	14.880	15.360	15.840	16.320
15.716	16.100	16.483	16.866	17.250	11.960	12.420	12.880	13.340	13.800	14.260	14.720	15.180	15.640
15.033	15.400	15.766	16.133	16.500	11.440	11.880	12.320	12.760	13.200	13.640	14.080	14.520	14.960
14.350	14.700	15.050	15.400	15.750	10.920	11.340	11.760	12.180	12.600	13.020	13.440	13.860	14.280
13.666	14.000	14.333	14.666	15.000	10.400	10.800	11.200	11.600	12.000	12.400	12.800	13.200	13.600
12.983	13.300	13.616	13.933	14.250	9.880	10.260	10.640	11.020	11.400	11.780	12.160	12.540	12.920
12.300	12.600	12.900	13.200	13.500	9.360	9.720	10.080	10.440	10.800	11.160	11.520	11.880	12.240
11.616	11.900	12.183	12.466	12.750	8.840	9.180	9.520	9.860	10.200	10.540	10.880	11.220	11.560
10.933	11.200	11.466	11.733	12.000	8.320	8.640	8.960	9.280	9.600	9.920	10.240	10.560	10.880
10.250	10.500	10.750	11.000	11.250	7.800	8.100	8.400	8.700	9.000	9.300	9.600	9.900	10.200
9.566	9.800	10.033	10.266	10.500	7.280	7.560	7.840	8.120	8.400	8.680	8.960	9.240	9.520
8.883	9.100	9.316	9.533	9.750	6.760	7.020	7.280	7.540	7.800	8.060	8.320	8.580	8.840
8.200	8.400	8.600	8.800	9.000	6.240	6.480	6.720	6.960	7.200	7.440	7.680	7.920	8.160
7.516	7.700	7.883	8.066	8.250	5.720	5.940	6.160	6.380	6.600	6.820	7.040	7.260	7.480
6.833	7.000	7.166	7.333	7.500	5.200	5.400	5.600	5.800	6.000	6.200	6.400	6.600	6.800
6.150	6.300	6.450	6.600	6.750	4.680	4.860	5.040	5.220	5.400	5.580	5.760	5.940	6.120
5.466	5.600	5.733	5.866	6.000	4.160	4.320	4.480	4.640	4.800	4.960	5.120	5.280	5.440
5.250	5.250	5.250	5.250	5.250	4.140	4.280	4.420	4.560	4.700	4.840	4.980	5.120	5.250
4.500	4.500	4.500	4.500	4.500	3.720	3.840	3.960	4.080	4.200	4.320	4.440	4.500	4.500
3.750	3.750	3.750	3.750	3.750	3.100	3.200	3.300	3.400	3.500	3.600	3.700	3.750	3.750
3.000	3.000	3.000	3.000	3.000	2.480	2.560	2.640	2.720	2.800	2.880	2.960	3.000	3.000
2.250	2.250	2.250	2.250	2.250	1.860	1.920	1.980	2.040	2.100	2.160	2.220	2.250	2.250
1.500	1.500	1.500	1.500	1.500	1.240	1.280	1.320	1.360	1.400	1.440	1.480	1.500	1.500

doivent être décomptées jusqu'à concurrence de 15 (art. 80) même en sus de 18.000 francs.

TABLEAU-BARÈME N° 1 (suite).

TRAITEMENT MOYEN.	ANNUITÉS supplémentaires. Cadre sédentaire.		Cadre actif.		MINIMUM de la PENSION.	ANNUITÉS SUPPLÉMENTAIRES (fonctionnaires du cadre actif)				Annuités exceptionnelles supplémentaires pouvant être allouées aux fonctionnaires et employés du cadre actif en sus des maxima au titre de la guerre 1914-1919		
	Annuité.	Mensualité.	Annuité.	Mensualité.		10	11	12	12 1/2	13	14	15
	1/60		1/50									
30.000	500	4	600	10	15.000	18.000 (2)	18.000 (2)	18.000 (2)	18.000 (2)	22.800 (1)	23.400 (1)	24.000 (1)
29.000	483	40	580	48	14.500	18.000 (2)	18.000 (2)	18.000 (2)	18.000 (2)	22.740 (1)	22.620 (1)	23.200 (1)
28.000	466	39	560	47	14.000	18.000 (2)	18.000 (2)	18.000 (2)	18.000 (2)	21.280 (1)	21.840 (1)	22.400 (1)
27.000	450	37	540	45	13.500	18.000 (2)	18.000 (2)	18.000 (2)	18.000 (2)	20.520 (1)	21.060 (1)	21.600 (1)
26.000	433	36	520	43	13.000	18.000 (2)	18.000 (2)	18.000 (2)	18.000 (2)	19.760	20.280 (1)	20.830 (1)
25.000	416	35	500	41	12.500	17.500	18.000 (2)	18.000 (2)	18.000 (2)	19.000	19.500 (1)	20.000 (1)
24.000	400	33	480	40	12.000	16.800	17.280	17.760	18.000 (2)	18.240	18.720 (1)	19.200 (1)
23.000	383	32	460	38	11.500	16.100	16.560	17.020	17.250	17.480	17.940	18.460 (1)
22.000	366	30	440	37	11.000	15.400	15.840	16.280	16.500	16.720	17.160	17.600
21.000	350	29	420	35	10.500	14.700	15.120	15.540	15.750	15.960	16.380	16.800
20.000	333	29	400	33	10.000	14.000	14.400	14.800	15.000	15.200	15.600	16.000
19.000	316	26	380	32	9.500	13.300	13.680	14.060	14.250	14.440	14.820	15.200
18.000	300	25	360	30	9.000	12.600	12.960	13.320	13.500	13.680	14.040	14.400
17.000	283	23	340	28	8.500	11.900	12.240	12.580	12.750	12.920	13.260	13.600
16.000	266	22	320	27	8.000	11.200	11.520	11.840	12.000	12.160	12.480	12.800
15.000	250	21	300	21	7.500	10.500	10.800	11.100	11.250	11.400	11.700	12.000
14.000	233	20	280	23	7.000	9.800	10.080	10.360	10.500	10.640	10.920	11.200
13.000	216	18	260	22	6.500	9.100	9.360	9.620	9.750	9.880	10.140	10.400
12.000	200	17	240	20	6.000	8.400	8.640	8.880	9.000	9.120	9.360	9.600
11.000	183	15	220	18	5.500	7.700	7.920	8.140	8.250	9.360	9.580	8.800
10.000	166	14	200	17	5.000	7.000	7.200	7.460	7.500	7.600	7.800	8.000
9.000	150	12	180	15	4.500	6.300	6.480	6.660	6.750	6.840	7.020	7.200
8.000	133	11	160	14	4.000	5.600	5.760	5.920	6.000	6.080	6.240	6.400
7.000	116	10	140	12	4.000	5.250	5.250	5.250	5.250	5.320	5.460	5.600
6.000	100	8	120	10	3.600	4.500	4.500	4.500	4.500	4.560	4.680	4.800
5.000	83	7	100	8	3.000	3.750	3.750	3.750	3.750	3.800	3.900	4.000
4.000	66	5	80	7	2.400	3.000	3.000	3.000	3.000	3.040	3.120	3.200
3.000	50	4	60	5	1.800	2.250	2.250	2.250	2.250	2.280	2.340	2.400
2.000	33	3	40	3	1.200	1.500	1.500	1.500	1.500	1.520	1.560	1.600

(1) Voir chapitre III, § III.

(2) Pour les fonctionnaires ayant servi pendant les hostilités, toutes les annuités supplémentaires doivent être décomptées jusqu'à concurrence de 15 (art. 80) même en sus de 18.000 francs.

Tableau-Barème Nº 2.

Officiers n'ayant pas servi 6 ans hors d'Europe ou en navigation.
Hommes de troupe.

TABLEAU-BARÈME N° 2.

Officiers n'ayant pas servi 6 ans hors d'Europe ou en navigation. — Hommes de troupe.

MONTANT DE LA PENSION.

GRADES.	SOLDE de base.	MONTANT des annuités — avant 25 ou 30 annuités — Annuité.	Mensualité.	après 25 ou 30 annuités — Annuité.	Mensualité.	15	16	17	18	19	20	21	22	23	24	25
Génér. { de div.	29.852	497	41	597	50	7.463	7.960	8.456	8.954	9.452	9.951	10.448	10.946	11.443	11.941	12.439
{ de brig.	23.978	400	83	480	40	5.915	6.395	6.794	7.195	7.512	7.994	8.393	8.792	9.192	9.591	9.991
Colonel	19.705	328	27	394	33	4.927	5.255	5.583	5.911	6.239	6.567	6.895	7.223	7.552	7.887	8.211
Lieut.-colonel	16.674	278	23	333	28	4.169	4.447	4.725	5.003	5.281	5.558	5.837	6.115	6.393	6.671	6.949
Chef de { 2e éch.	15.365	286	21	307	26	3.841	4.098	4.354	4.610	4.866	5.122	5.378	5.634	5.890	6.146	6.402
bat. { 1er éch.	14.413	240	20	288	24	3.605	3.845	4.080	4.325	4.565	4.805	5.045	5.286	5.526	5.766	6.007
Capi- { 4e échel.	12.901	210	17	254	21	3.148	3.398	3.598	3.778	3.988	4.198	4.408	4.618	4.828	5.038	5.248
taine. { 3e échel.	12.022	200	17	240	20	3.006	3.204	3.406	3.606	3.806	4.007	4.207	4.407	4.608	4.808	5.008
{ 2e échel.	11.454	191	16	229	19	2.865	3.055	3.246	3.437	3.628	3.818	4.009	4.200	4.391	4.582	4.773
{ 1er échel.	10.883	181	15	217	18	2.728	2.902	3.084	3.265	3.447	3.630	3.811	3.992	4.174	4.355	4.538
Lieute- { 4e échel.	9.635	160	13	193	16	2.409	2.569	2.729	2.889	3.049	3.211	3.371	3.531	3.691	3.851	4.014
nant. { 3e échel.	9.066	151	12	181	15	2.267	2.418	2.569	2.720	2.871	3.022	3.173	3.324	3.475	3.626	3.777
{ 2e échel.	8.687	144	12	173	14	2.172	2.316	2.460	2.604	2.748	2.893	3.037	3.181	3.325	3.471	3.620
Sous-lieutenant 2e échelon.	7.191	133	11	144	12	2.000	2.133	2.266	2.400	2.533	2.666	2.800	2.933	3.066	3.200	3.333
Adjud.-chef.	5.904	141	17	118	10	2.196	2.361	2.408	2.549	2.690	2.834	2.975	5.116	5.256	5.400	5.543
Adjudant	5.544	133	11	111	10	1.965	2.125	2.261	2.394	2.527	2.661	2.794	2.927	3.060	3.193	3.326
Sergent-major.	4.500	108	9	90	8	1.628	1.728	1.835	1.944	2.052	2.160	2.268	2.376	2.484	2.592	2.700
Sergent	4.212	101	8	84	7	1.516	1.617	1.718	1.819	1.920	2.021	2.122	2.223	2.324	2.425	2.527
Caporal	»	65	7	20	3	1.272	1.357	1.442	1.527	1.612	1.696	1.781	1.866	1.951	2.036	2.120
Soldat	»	77	6	20	3	1.152	1.227	1.305	1.383	1.436	1.536	1.613	1.690	1.767	1.844	1.920
Gendarmerie.																
Chef de brigade H. C.	5.920	142	12	118	10	2.134	2.276	2.478	2.560	2.702	2.845	2.987	3.129	3.271	3.414	3.557
Chef de brig. 1er cl. { ap. 20 a.	5.724	137	12	114	12	2.061	2.198	2.335	2.472	2.610	2.748	2.885	3.023	3.160	3.297	3.434
{ ap. 15 a.	5.706	137	12	114	12	2.054	2.191	2.328	2.465	2.602	2.740	2.877	3.014	3.151	3.288	3.425
C. de B. 2e cl. { ap. 20 a.	5.130	123	10	102	8	1.846	1.967	2.092	2.215	2.338	2.462	2.585	2.708	2.831	2.954	3.078
{ ap. 15 a.	5.094	122	10	102	8	1.833	1.955	2.077	2.200	2.322	2.444	2.566	2.689	2.810	2.932	3.050
C. de B. 3e cl. { ap. 20 a.	4.842	116	10	97	8	1.743	1.859	1.975	2.091	2.207	2.324	2.440	2.559	2.672	2.788	2.905
{ ap. 15 a.	4.788	115	10	96	8	1.725	1.840	1.955	2.071	2.186	2.302	2.417	2.532	2.648	2.763	2.878
C. de B. 4e cl. { ap. 20 a.	4.662	112	9	93	8	1.678	1.790	1.902	2.014	2.126	2.237	2.349	2.461	2.573	2.684	2.796
{ ap. 15 a.	4.608	111	9	92	8	1.659	1.770	1.881	1.992	2.103	2.212	2.324	2.435	2.546	2.656	2.765
Gen- dar- mes. { ap. 20 a.	4.235	101	9	87	3	1.561	1.666	1.771	1.873	1.977	2.082	2.186	2.290	2.394	2.499	2.603
{ ap. 15 a.	4.284	103	9	86	7	1.542	1.645	1.748	1.851	1.954	2.056	2.160	2.263	2.366	2.469	2.570

GRADES.	26	27	28	29	30	31	32	33	34	35	36	37	38	39	40
											(2)	(2)	(2)	(2)	(2)
Génér. { de div.	12.936	13.434	13.931	14.429	14.926	15.593	16.120	16.717	17.314	17.911	18.000	18.000	18.000	18.000	18.000
{ de brig.	10.391	10.790	11.910	11.584	11.980	12.469	12.958	13.428	14.390	14.396	14.806	14.345	15.345	15.825	16.304	16.784
Colonel	8.539	8.867	9.195	9.524	9.853	10.247	10.641	11.035	11.429	11.823	12.217	12.611	13.005	13.399	13.793
Lieut.-colonel	7.227	7.505	7.783	8.061	8.337	8.670	9.003	9.336	9.670	10.004	10.337	10.670	11.003	11.336	11.671
Chef de { 2e éch.	6.658	6.914	7.170	7.426	7.683	7.990	8.297	8.604	8.911	9.219	9.526	9.833	10.140	10.448	10.766
bat. { 1er éch.	6.247	6.487	6.727	6.967	7.209	7.497	7.785	8.073	8.361	8.650	8.935	9.226	9.514	9.803	10.092
Capi- { 4e échel.	5.458	5.668	5.878	6.088	6.296	6.548	6.800	7.052	7.304	7.555	7.807	8.059	8.311	8.563	8.814
taine. { 3e échel.	5.208	5.410	5.610	5.810	6.011	6.253	6.491	6.731	6.972	7.213	7.453	7.693	7.934	8.172	8.415
{ 2e échel.	4.964	5.155	5.346	5.537	5.727	5.966	6.165	6.414	6.653	6.852	7.101	7.330	7.550	7.788	8.018
{ 1er échel.	4.719	4.900	5.081	5.262	5.443	5.660	5.877	6.094	6.312	6.531	6.746	6.965	7.182	7.400	7.620
Lieute- { 4e échel.	4.174	4.334	4.494	4.654	4.818	5.011	5.205	5.398	5.590	5.781	5.974	6.167	6.360	6.553	6.745
nant. { 3e échel.	3.928	4.079	4.230	4.381	4.535	4.714	4.895	5.076	5.257	5.439	5.620	5.801	5.982	6.163	6.346
{ 2e échel.	3.764	3.908	4.052	4.196	4.343	4.516	4.689	4.862	5.037	5.211	5.384	5.557	5.730	5.904	6.080
Sous-lieutenant 2e échelon.	3.466	3.600	3.733	3.866	4.000	4.144	4.288	4.432	4.576	4.719	4.843	5.007	5.151	5.296	5.393
Adjud.-chef.	3.604	3.773	3.887	4.015	4.133	4.251	4.369	4.487	4.605	4.723	4.841	4.958	5.077	5.195	5.313
Adjudant	3.437	3.548	3.699	3.770	3.886	3.994	4.102	4.210	4.318	4.426	4.534	4.545	4.656	4.767	4.679	4.930
Sergent-major.	2.790	2.885	2.950	3.060	3.146	3.240	3.330	3.420	3.510	3.600	3.690	3.780	3.870	3.960	4.050
Sergent	2.612	2.695	2.779	2.863	2.948	3.042	3.116	3.200	3.284	3.360	3.453	3.537	3.621	3.705	3.790
Caporal	2.148	2.177	2.205	2.234	2.293	2.291	3.330	2.348	2.377	2.406	2.435	2.463	2.491	2.121	2.150
Soldat	1.940	1.960	1.980	2.000	2.020	2.040	2.060	2.080	2.100	2.120	2.140	2.160	2.180	2.200	2.220
Gendarmerie.															
Chef de brigade H. C.	3.675	3.793	3.911	4.030	4.150	4.268	4.386	4.504	4.622	4.743	4.861	4.980	5.008	5.216	5.326
Chef de brig. 1er cl. { ap. 20 a.	3.548	3.662	3.776	3.891	4.006	4.120	4.234	4.348	4.462	4.578	4.692	4.806	4.920	5.032	5.151
{ ap. 15 a.	3.537	3.651	3.765	3.879	3.993	4.107	4.221	4.335	4.450	4.564	4.678	4.792	4.906	5.020	5.135
C. de B. 2e cl. { ap. 20 a.	3.180	3.282	3.385	3.487	3.591	3.693	3.796	3.898	4.000	4.104	4.206	4.308	4.411	4.514	4.617
{ ap. 15 a.	3.158	3.260	3.362	3.464	3.564	3.667	3.769	3.871	3.973	4.074	4.176	4.278	4.380	4.482	4.585
C. de B. 3e cl. { ap. 20 a.	3.062	3.199	3.106	3.293	3.380	3.486	3.583	3.680	3.777	3.873	3.970	4.067	4.164	4.261	4.357
{ ap. 15 a.	2.968	3.065	3.158	3.254	3.351	3.446	3.541	3.636	3.736	3.830	3.925	4.021	4.116	4.213	4.310
C. de B. 4e cl. { ap. 20 a.	2.890	2.983	3.076	3.169	3.263	3.356	3.449	3.542	3.635	3.729	3.822	3.915	4.008	4.101	4.195
{ ap. 15 a.	2.857	2.949	3.041	3.133	3.225	3.317	3.409	3.501	3.593	3.685	3.777	3.869	3.961	4.153	4.147
Gen- dar- mes. { ap. 20 a.	2.683	2.777	2.864	2.950	3.036	3.123	3.210	3.297	3.384	3.470	3.557	3.644	3.731	3.818	3.904
{ ap. 15 a.	2.605	2.740	2.825	2.911	2.998	3.183	3.168	3.253	3.338	3.497	3.511	3.595	3.681	3.768	3.853

Majorations spéciales à l'arme de la gendarmerie dues après 25 ans de service pour chaque année en sus de 15.   { Chef de brigade H.C. 55. — C.B. 1er cl. 55. — C. B. 2e cl., 50. — C. B. 3e cl., 45. — C. B. 4e cl.), 40. — Gendarme, 35.

(2) Pour les officiers généraux ayant servi pendant les hostilités : 36, 18.508 ; 37, 19.105 ; 38, 19.702 ; 39, 20.299 ; 40, 20.896 ; 41, 21.493 ; 42, 22.090.

Pour les sous-lieutenants ayant servi pendant les hostilités : 40, 5.438 ; 41, 5.581 ; 42, 5.725.

TABLEAU-BARÈME N° 2 (*suite*).

GRADES.	SOLDE de BASE.	MONTANT des annuités.				MONTANT de la pension.			INDÉMNITÉS EXCEPTIONNELLES supplémentaires pouvant être allouées aux militaires ou sus des maxima au titre de la guerre 1914-1919.		
		avant 25 ou 30 annuités.		après 25 ou 30 annuités.		41	42	42 1/2	43	44	45
		Annuité.	Mensualité.	Annuité.	Mensualité.	(2)	(2)	(2)	(1)	(1)	(1)
Génér. { de div.	29.852	497	41	597	50	18.000	18 000	18 000	22.687	23.284	23.881
{ de brig.	23.978	400	33	480	40	17.264	17.743	17.933	18.223¹	18.702¹	19 182¹
Colonel........	19.705	328	27	394	33	14.187	14.581	14.779	14.973	15.369	15.764
Lieut.-colonel...	16.674	278	23	333	28	12.004	12.337	12.506	12.671	13.005	13.339
Chef de { 2ᵉ éch...	15.366	256	21	307	25	11.063	11.370	11.523	11.677	11.984	12.292
bat. { 1ᵉʳ éch.	14.419	240	20	288	24	10.380	10.669	10.814	10.958	11.247	11.535
Capi- { 4ᵉ éch..	12.591	210	17	252	21	9.066	9.318	9.443	9.569	9.820	10.072
taine. { 3ᵉ éch...	12.022	200	17	240	20	8.645	8.895	9.016	9.136	9.377	9 617
{ 2ᵉ éch...	11.454	191	16	229	19	8.247	8.476	8.590	8 705	8.934	9 463
{ 1ᵉʳ éch.	10.885	181	15	217	18	7.837	8.054	8.164	8.272	8.490	8.708
Lieute- { 4ᵉ éch..	9.635	160	13	193	16	6.938	7.131	7.226	7.324	7.516	7.708
nant. { 3ᵉ éch...	9.066	151	12	181	15	6.527	6.709	6.860	6.890	7.071	7.252
{ 2ᵉ éch...	8.687	144	12	173	14	6.253	6.427	6.515	6.600	6.775	6.949
Sous-lieutenant 2 échelon.	7.191	133	11	144	12	» (2)	» (2)	» (2)	5.869	6.013	6.157
Adjudant-chef..	5.904	141	12	118	10	»	»	»	»	»	»
Adjudant	5.744	133	11	111	9	»	»	»	»	»	»
Sergent-major..	4.500	106	9	90	8	»	»	»	»	»	»
Sergent	4.242	101	8	84	7	»	»	»	»	»	»
Caporal	»	85	7	29	2	»	»	»	»	»	»
Soldat	»	77	6	20	2	»	»	»	»	»	»
Gendarmerie.											
Chef de brigade H. C........	5.929	142	12	118	10	»	»	»	»	»	»
Chef de brig. 1ʳᵉ cl. { ap. 20 a.	5.724	137	12	114	12	»	»	»	»	»	»
{ ap. 15 a.	5.705	137	12	114	12	»	»	»	»	»	»
C. de B. 2ᵉ cl. { ap. 20 a.	5.130	123	10	102	8	»	»	»	»	»	»
{ ap. 15 a	5.094	122	10	102	8	»	»	»	»	»	»
C. de B. 3ᵉ cl. { ap. 20 a.	4.842	116	10	97	8	»	»	»	»	»	»
{ ap. 15 a.	4.788	115	10	93	8	»	»	»	»	»	»
C. de B. 4ᵉ cl. { ap. 20 a.	4.662	112	9	93	8	»	»	»	»	»	»
{ ap. 15 a	4.608	111	9	92	8	»	»	»	»	»	»
Gendar- mes. { ap. 20 a.	4.338	104	9	87	7	»	»	»	»	»	»
{ ap. 15 a.	4.234	103	9	85	7	»	»	»	»	»	»

(1) Voir chap. III, § III, D 4', page 21.

(2) Pour les officiers généraux ayant servi pendant les hostilités : 36, 18.808 ; 37, 19.105 ; 38, 19.702 ; 39, 20.2.4 ; 40, 20 8.6 ; 41, 21.943 ; 42, 22 090.
Pour les sous-lieutenants ayant servi pendant les hostilités : 40, 5.438 ; 41, 5.581 , 42, 5.725.

Tableau-Barème n° 3.

Officiers ayant accompli 6 ans hors d'Europe ou en navigation.

TABLEAU-BARÈME N° 3. Officiers ayant accompli au moins 6 ans hors d'Europe ou en navigation.

(Ce tableau ne s'applique pas aux officiers de l'armée métropolitaine en retraite au 15 avril 1924.)

GRADES.	SOL- DES de BASE.	MONTANT DES ANNUITÉS. ayant 25 ans de service.		après 25 ans de service.		15	16	17	18	19	20	21
		Annuité.	Mensualité.	Annuité.	Mensualité.							
Général { de div ...	29.852	597	50	597	50	8.955	9.552	10.149	10.766	11.343	11.940	12.537
Général { de brig...	23.978	480	40	480	40	7.193	7.673	8.152	8.632	9.111	9.591	10.071
Colonel............	19.705	394	33	394	33	5.911	6.305	6.699	7.093	7.487	7.882	8.276
Lieutenant-Colonel.	16.674	333	28	333	28	5.002	5.335	5.664	6.002	6.336	6.669	7.002
Chef de bat. { 2° échel..	15.366	307	25	307	25	4.600	4.916	5.214	5.531	5.838	6.140	6.453
Chef de bat. { 1er échel..	14.419	288	24	288	24	4.325	4.613	4.902	5.190	5.479	5.767	6.055
Capitaine. { 4° échel...	12.554	251	21	251	21	3.777	4.028	4.280	4.531	4.783	5.036	5.287
Capitaine. { 3° échel...	12.022	240	20	240	20	3.606	3.846	4.087	4.327	4.568	4.808	5.048
Capitaine. { 2° échel...	11.454	229	19	229	19	3.436	3.665	3.894	4.124	4.353	4.581	4.810
Capitaine. { 1er échel..	10.885	217	18	217	18	3.265	3.482	3.700	3.918	4.136	4.354	4.571
Lieutenant. { 4° échel...	9.633	193	16	193	16	2.890	3.083	3.276	3.469	3.662	3.854	4.047
Lieutenant. { 3° échel..	9.066	181	15	181	15	2.719	2.900	3.084	3.262	3.444	3.626	3.807
Lieutenant. { 2° échel...	8.867	173	14	173	14	2.606	2.789	2.953	3.125	3.300	3.474	3.647
Sous-lieutenant 2° échelon.........	7.191	160	13	144	12	2.400	2.560	2.720	2.880	3.040	3.200	3.360

(2) Pour les officiers généraux ayant servi pendant les hostilités : 31, 16.508 ;
Pour les sous-lieutenants ayant servi pendant

MONTANT DE LA PENSION.

22	23	24	25	26	27	28	29	30	31 (2)	32 (2)	33 (2)	34 (2)	35 (2)
13.134	13.731	14.328	14.926	15.523	16.120	16.717	17.314	17.911	18.000	18.000	18.000	18.000	18.000
10.550	11.030	11.509	11.989	12.468	12.948	13.427	13.907	14.386	14.866	15.345	15.825	16.304	16.784
8.670	9.064	9.458	9.853	10.247	10.641	11.035	11.429	11.823	12.217	12.611	13.005	13.399	13.793
7.336	7.669	8.003	8.337	8.670	9.003	9.336	9.670	10.004	10.337	10.670	11.004	11.336	11.671
6.761	7.068	7.376	7.683	7.990	8.297	8.604	8.911	9.219	9.526	9.833	10.140	10.448	10.756
6.344	6.632	6.921	7.209	7.497	7.785	8.073	8.361	8.650	8.938	9.226	9.514	9.803	10.092
5.539	5.791	6.043	6.293	6.548	6.800	7.052	7.304	7.555	7.807	8.059	8.311	8.563	8.814
5.288	5.529	5.770	6.011	6.251	6.491	6.731	6.972	7.213	7.450	7.693	7.933	8.173	8.415
5.039	5.268	5.49	5.727	5.955	6.185	6.414	6.643	6.872	7.101	7.330	7.559	7.788	8.018
4.789	5.007	5.225	5.443	5.660	5.877	6.094	6.312	6.531	6.748	6.975	7.182	7.400	7.620
4.240	4.433	4.626	4.818	5.011	5.203	5.392	5.590	5.784	5.975	6.167	6.360	6.553	6.745
3.989	4.170	4.352	4.533	4.714	4.895	5.076	5.257	5.439	5.620	5.801	5.982	6.163	6.346
3.821	3.994	4.168	4.343	4.516	4.689	4.862	5.035	5.211	5.384	5.557	5.730	5.904	6.010
3.720	3.080	3.840	4.000	4.144	4.288	4.432	4.576	4.719	4.843	5.007	5.151	5.295	5.393

32, 19.165 ; 33, 19.702 ; 34, 20.299 ; 35, 10.896 ; 36, 21.915 ; 37, 22.050.
les hostilités : 35, 5.438 ; 36, 5.584 ; 37, 5.725.

TABLEAU-BARÉME N° 3 (*suite*).

GRADES.		SOLDES de BASE.	MONTANT DES ANNUITÉS.				MONTANT DE LA PENSION.			ANNUITÉS EXCEPTIONNELLES supplémentaires pouvant être allouées aux militaires en sus des maxima, au titre de la guerre de 1914-1919		
			avant 25 ans de service.		après 25 ans de service.		36	37	37 1/2	38	39	40
			Annuité.	Mensualité.	Annuité.	Mensualité.						
							(2)	(2)	(2)	(1)	(1)	(1)
Général	de div....	29.852	597	50	597	50	18.000	18.000	18.000	22.687	23.284	23.881
	de brig...	23.978	480	40	480	40	17.264	17.743	17.983	(1) 18.223	(1) 18.702	(1) 19.182
Colonel		19.765	394	33	394	33	14.167	14.581	14.779	14.975	15.369	15.764
Lieutenant Colonel..		16.674	333	28	333	28	12.004	12.337	R. 566	12.671	13.005	13.339
Chef de bat.	2° échel..	15.366	307	25	307	25	11.063	11.376	11.525	11.677	11.934	12.292
	1er échel..	14.419	288	24	288	24	10.380	10.669	10.814	10.958	11.247	11.535
Capitaine.	4° échel ..	12.561	251	21	251	21	9.066	9.318	9.443	9.569	9.820	10.072
	3° échel..	12.022	240	20	240	20	8.655	8.895	9.016	9.136	9.377	9.617
	2° échel..	11.454	229	19	229	19	8.247	8.476	8.590	8.705	8.934	9.163
	1er échel..	10.888	217	18	217	18	7.837	8.054	8 164	8.272	8.410	8.708
Lieutenant.	4° échel..	9.635	193	16	193	16	6.938	7.131	7.226	7.324	7.516	7.708
	3° échel...	9.066	181	15	181	15	6.527	6.709	6.800	6.890	7.071	7.252
	2° échel...	8.687	173	14	173	14	6.213	6.427	6.518	6.690	6.778	6.949
Sous-Lieutenant 2° échelon		7.191	160	13	144	12	(1)	(2)	(2)	5.849	6.013	6 157

(1) Voir chap. III, § III, D 4°, page 21.

(2) Pour les officiers généraux ayant servi pendant les hostilités : 31, 18.508 ; 32, 19.405 ; 33, 19.702 ; 34, 20.299 ; 35, 20.896 ; 36, 21.913 ; 37, 22.090.

Pour les sous-lieutenants ayant servi pendant les hostilités : 35, 5.438 ; 36, 5.581 ; 37, 5.725.

LOI PORTANT RÉFORME

DU

Régime des Pensions civiles et des Pensions militaires.

Le Sénat et la Chambre des députés ont adopté;

Le Président de la République promulgue la loi dont la teneur suit :

DISPOSITIONS GÉNÉRALES.

Article 1er. Les dispositions de la présente loi s'appliquent aux fonctionnaires civils et aux employés appartenant au cadre permanent de l'administration ou des établissements de l'Etat, aux militaires et marins de tous grades des armées de terre et de mer, au personnel civil admis au bénéfice de la législation des pensions militaires, ainsi qu'à leurs veuves et leurs orphelins.

Article 2. La pension civile ou militaire est basée sur la moyenne des traitements, soldes et émoluments de toute nature, soumis à retenue dont l'ayant droit a joui pendant les trois dernières années d'activité.

Le minimum de la pension allouée à titre d'ancienneté de services est, en principe, fixé à la moitié du traitement moyen ou de la solde moyenne. Toutefois, il est élevé aux 3/5es, sans pouvoir excéder 4.000 francs, lorsque le traitement moyen ou la solde moyenne ne dépassent pas 8.000 francs.

Le minimum de la pension est accru, au delà de la durée des services exigée pour obtenir droit à pension, à raison :

De 1/60e des émoluments moyens pour chaque année de services civils rendus dans la partie sédentaire;

De 1/50e des émoluments moyens pour chaque année de services rendus dans la partie active ou dans les armées de terre et de mer.

La pension, telle qu'elle est déterminée par l'application des dispositions ci-dessus, est majorée de 10 p. 100 pour tous titulaires ayant élevé trois enfants jusqu'à l'âge de 16 ans. Si le nombre des enfants élevés jusqu'à l'âge de 16 ans est supérieur à trois, des majorations supplémentaires de 5 p. 100 sont ajoutées pour chaque enfant au delà du troisième. Cette majoration ne se cumule pas avec l'indemnité pour charges de famille.

Lorsque, à la cessation de l'activité, le bénéficiaire d'une pension d'ancienneté ou d'invalidité de la présente loi aura des enfants âgés de moins de 16 ans, sa pension sera majorée des indemnités pour charges de famille dont il bénéficiait pendant l'activité.

Sous réserve des dispositions des articles 34 et 80, le montant des pensions civiles et militaires ne peut dépasser les trois quarts du traitement moyen ou de la solde moyenne, ni excéder 18.000 francs.

Article 3. Les bénéficiaires de la présente loi supportent une retenue de 6 p. 100 sur les sommes payées à titre de traitement fixe ou éventuel, de soldes et accessoires de solde, de préciput, de suppléments de traitement ou de solde, de remises proportionnelles, de commissions ou constituant un émolument personnel faisant corps avec le traitement ou la solde.

A cette retenue s'ajoutent, le cas échéant, celles qui sont prélevées pour cause de congé, d'absence ou par mesure disciplinaire.

Article 4. Les suppléments de traitements et indemnités prévus ou visés par l'article 57 de la loi du 30 avril 1921, par l'article 70 de la même loi, sous réserve des indemnités non soumises à retenue, énumérées à l'article 66 de ladite loi, par la loi du 16 juillet 1921, par l'article 117 de la loi du 31 décembre 1921, par la loi du 30 novembre 1922 et par la loi du 30 juin 1923, et, de façon générale, les indemnités constituant des suppléments de traitement, à l'exclusion des indemnités spéciales ou représentatives de dépenses, entrent en compte dans le calcul de la pension et sont soumises à la retenue de 6 p. 100.

Les fonctionnaires ayant bénéficié des suppléments de traitement visés à l'alinéa précédent devront verser rétroactivement, s'il y a lieu, la retenue de 6 p. 100 sur les suppléments de traitement qui entreront en compte dans le calcul de leur traitement moyen des trois dernières années.

Le montant de ces retenues sera précompté sur les arrérages de leur retraite sans que ce prélèvement puisse réduire ces arrérages de plus d'un cinquième.

Article 5. Jusqu'à revision générale des traitements, soldes et indemnités de toutes natures, prévues par l'article 39 de la loi du 30 avril 1921, les retenues sur la solde des militaires et marins demeurent fixées par la législation en vigueur.

Jusqu'à cette même date, leur pension sera calculée en tenant compte de là solde métropolitaine de présence à terre proprement dite, augmentée des indemnités temporaires de solde et de l'indemnité pour charges militaires au taux le plus réduit dans chaque grade.

Pour le calcul de la pension, la solde de base des officiers mariniers du corps des équipages de la flotte sera augmentée d'une allocation forfaitaire de vivres fixée à 1 fr. 50 par jour.

Article 6. Pour les agents rétribués par des remises ou salaires variables, un règlement d'administration publique déterminera la quotité du traitement sur laquelle devront porter les retenues.

Les fonctionnaires de l'enseignement, y compris les professeurs de collèges communaux, subissent les retenues sur les traitements déterminés par les lois et les décrets organiques, à l'exclusion des subventions obligatoires ou facultatives des départements et des communes.

Article 7. Les retenues légalement perçues ne peuvent être répétées. Celles qui ont été irrégulièrement prélevées n'ouvrent aucun droit à pension. Dans ce cas, le remboursement sans intérêt peut en être réclamé par les ayants droit.

TITRE PREMIER.

FONCTIONNAIRES ET EMPLOYÉS CIVILS.

CHAPITRE PREMIER.

Pensions d'ancienneté.

Article 8. Le droit à pension d'ancienneté est acquis à 60 ans d'âge et trente ans accomplis de service effectif.

Il suffit de 55 ans d'âge et de vingt-cinq ans de services pour les fonctionnaires ou employés qui ont passé quinze ans dans la partie active.

Les limites d'âge sont fixées, suivant les services et les catégories d'emploi, par des règlements d'administration publique.

Est dispensé de la condition d'âge, établie aux premiers paragraphes du présent article, le titulaire qui est reconnu par le Ministre, après avis du médecin assermenté, hors d'état de continuer ses fonctions.

Article 9. Les services civils rendus hors d'Europe par les bénéficiaires de la présente loi sont comptés pour un tiers en sus de leur durée effective. Ils sont comptés seulement pour un quart dans les services sédentaires rendus dans les territoires civils de l'Afrique du Nord.

L'âge exigé par l'article 8 pour avoir droit à une pension d'ancienneté est réduit d'un an pour chaque période de trois ans de services sédentaires ou de deux ans de services actifs accomplis hors d'Europe.

Article 10. Les services civils y compris les services auxiliaires, temporaires ou d'aide accomplis dans les différents établissements ou administrations de l'Etat, ne sont comptés qu'à partir de l'âge de 18 ans, sous réserve du versement rétroactif, lors de l'admission définitive dans les cadres, des retenues légales calculées sur le traitement initial de fonctionnaire titulaire.

L'article 85 de la loi du 8 avril 1910 est applicable au temps de surnumérariat ou de stage accompli après l'âge de 18 ans.

Pourront faire état, pour la retraite, des services visés aux précédents paragraphes, les fonctionnaires titulaires en exercice lors de la promulgation de la présente loi.

Article 11. Les fonctionnaires et employés civils sont admis à la retraite sur leur demande ou peuvent y être admis d'office.

La demande de mise à la retraite doit faire l'objet d'un préavis de six mois de la part de l'intéressé.

Article 12. Les services militaires accomplis dans les armées de terre et de mer concourent avec les services civils pour la détermination du droit à pension. Ils sont comptés pour leur durée effective.

Article 13. Les services militaires qui n'ont donné lieu ni à pension, ni à solde de réforme sont liquidés, soit comme services militaires, d'après le taux qui leur serait applicable au moment de la cessation desdits services, soit comme services civils actifs, suivant que l'une ou l'autre de ces liquidations est plus favorable au fonctionnaire.

Les services militaires qui ont déjà été rémunérés soit par une pension de retraite, soit par une pension ou solde de réforme, n'entrent pas dans le calcul de la liquidation. Toutefois, pour les retraités militaires terminant leur carrière dans un emploi civil, si la liquidation civile du temps de service obligatoire donne un produit supérieur à la liquidation militaire de cette période, la pension civile sera majorée de la différence entre la liquidation civile et la liquidation militaire.

Article 14. Les bénéfices de campagne, supputés comme il est dit aux articles 36 et 37 ci-après, sont attribués aux fonctionnaires et employés civils, anciens combattants, qui peuvent y prétendre, lorsqu'ils réunissent les conditions voulues pour l'admission à la retraite.

Il en est de même des services anciens exécutés par le personnel civil, donnant droit à des bonifications, telles qu'elles sont déterminées par l'article 37 ci-après, relatif au personnel militaire ou marin. Ces services conféreront, d'autre part, pour chaque période de deux années de services aériens, une réduction d'une année de l'âge minimum de la retraite.

Les bénéfices de campagne sont liquidés sur la base d'un cinquantième du traitement moyen.

Article 15. Les fonctionnaires et employés civils qui, détachés dans les conditions prévues à l'article 33 de la loi du 30 décembre 1913, sans cesser d'appartenir au cadre permanent d'une administration publique et en conservant leurs droits à l'avancement hiérarchique, sont rétribués en tout ou en partie sur les fonds des départements, des communes, des colonies, d'établissements publics ou privés, des gouvernements étrangers, continuent dans cette position d'acquérir des droits à pension.

Ces agents doivent, toutefois, supporter les retenues prévues par la présente loi sur le traitement d'activité afférent à leur grade et à leur classe dans le service dont ils sont détachés.

Dans ce cas, la pension est calculée sur la moyenne des traitements et émoluments dont le fonctionnaire aurait joui pendant les trois dernières années s'il eût été rétribué directement par l'Etat.

Article 16. Est compté comme service effectif, dans la limite maxima de cinq ans, pour les droits à la retraite et dans les conditions prévues par les lois et décrets en Conseil d'Etat, le temps passé dans la position de disponibilité ou de non-activité pour les fonctionnaires et employés civils, sous réserve que lesdits fonctionnaires subissent pendant ce temps, sur leur dernier traitement d'activité, les retenues prescrites par la présente loi.

Article 17. Les fonctionnaires ou employés qui, en dehors du cas d'invalidité, viennent à quitter le service pour quelque cause que ce soit, avant de pouvoir obtenir leur admission à la retraite ont droit, dans les conditions fixées ci-après, au remboursement de la retenue subie d'une manière effective sur leur traitement.

Le produit de cette retenue, majoré de ses intérêts calculés au taux bonifié à ses déposants par la Caisse d'épargne et de prévoyance de Paris à l'époque du départ, est transféré à la Caisse nationale d'assurance en cas de décès pour servir à la constitution, au profit du fonctionnaire et de l'employé, d'une assurance de capital différé dont l'échéance est fixée au plus tôt à l'expiration d'un délai de cinq ans à dater du départ de l'intéressé.

Ce transfert peut, au choix du bénéficiaire, être effectué à capital aliéné ou à capital réservé et suivant les modalités prévues par la législation de la Caisse nationale d'assurance en cas de décès.

Les femmes fonctionnaires ou employées, mères de trois enfants vivants, quittant leurs fonctions sans avoir droit à pension, peuvent demander le remboursement immédiat de leurs retenues bonifiées de leurs intérêts.

Les femmes fonctionnaires et employées, mariées ou mères de famille, qui auront accompli quinze années, au moins, de services effectifs, ont droit à une pension de retraite calculée, pour chaque année de service, à raison d'un soixantième ou d'un cinquantième du traitement moyen prévu à l'article 2.

La jouissance de cette pension sera différée jusqu'à l'époque où les intéressées auraient acquis le droit à pension d'ancienneté.

Les fonctionnaires qui, ayant quitté le service, ont été remis en activité soit dans l'administration dont ils faisaient partie, soit dans une autre administration publique bénéficient, pour la retraite, de la totalité des services qu'ils ont rendus à l'Etat, sous condition que l'intéressé reverse au Trésor les retenues qui, éventuellement, lui auraient été remboursées.

Article 18. Les femmes fonctionnaires ou employées bénéficieront d'une bonification d'âge et de service d'une année pour chacun des enfants qu'elles auront eus.

CHAPITRE II.

Pensions pour invalidité.

Article 19. Peuvent exceptionnellement obtenir pension, quels que soient leur âge et la durée de leur activité, les fonctionnaires et employés civils qui ont été mis hors d'état de continuer leur service, soit par suite d'un acte de dévouement dans un intérêt public, soit en exposant leurs jours pour sauver la vie d'une ou de plusieurs personnes, soit par suite d'une lutte soutenue ou d'attentat subi à l'occasion de leurs fonctions.

La pension, dans ce cas, est égale aux trois quarts du dernier traitement d'activité.

Article 20. Lorsque les fonctionnaires et employés civils se trouvent dans l'impossibilité absolue de continuer leur service par suite de maladie, de blessures ou d'infirmités graves dûment établies, ils peuvent être admis à la retraite soit sur leur demande, soit d'office.

L'invalidité devra être constatée par une commission de réforme composée comme suit :

1° Un médecin assermenté de l'administration;

2° Trois agents désignés par le Ministre;

3° Deux agents du même service que l'intéressé et élus par leurs collègues.

L'intéressé a le droit de prendre connaissance de son dossier et de faire entendre par la commission de réforme un médecin de son choix.

En cas d'invalidité constatée, ainsi qu'il est dit ci-dessus, les fonctionnaires et employés civils, ont droit, quels que soient leur âge et la durée de leur activité, à une pension immédiate dont le montant est déterminé dans les conditions prévues ci-après.

Article 21. Si le fonctionnaire ou employé civil est atteint d'une invalidité qui résulte de l'exercice de ses fonctions, il lui est alloué une pension dont le montant est égal au tiers du dernier traitement d'activité, sans que cette pension puisse être inférieure à 1.500 francs ou à la pension d'ancienneté calculée, pour chaque année de services, à 1/30° ou à 1/25° de la pension minimum mentionnée à l'article 2, ces services étant accrus, s'il y a lieu, de la bonification coloniale et des bénéfices de campagne.

Toutefois, en raison du risque colonial, les pensions des fonctionnaires coloniaux retraités pour blessures ou infirmités contractées en service ne pourront être inférieures au minimum de la pension d'ancienneté afférente au dernier traitement d'activité, les services étant accrus des bonifications coloniales et du bénéfice des campagnes.

Article 22. Lorsque l'invalidité ne résulte pas de l'exercice des fonctions, le fonctionnaire ou employé civil qui compte au moins quinze ans de services, bonifiés, le cas échéant, comme il est dit à l'article précédent, a droit à une pension calculée à raison de un soixantième ou de un cinquantième du traitement moyen.

Si la durée des services du fonctionnaire ou employé civil invalide n'atteint pas quinze années, il est alloué à celui-ci une rente viagère, à jouissance immédiate, constituée à la Caisse nationale des retraites pour la vieillesse, par le versement à cette institution du montant des retenues effectivement prélevées sur son traitement, lesdites retenues augmentées de leurs intérêts calculés au taux bonifié à ses déposants par la Caisse d'épargne et de prévoyance de Paris à l'époque de cessation des fonctions. Ce versement est, au gré de l'intéressé, opéré à capital aliéné ou à capital réservé et suivant les modalités de la Caisse nationale des retraites pour la vieillesse.

Au montant de la rente ainsi constituée s'ajoute une subvention définitive de l'Etat égale au montant du capital constitutif de ladite rente et versée à capital aliéné à la Caisse nationale des retraites pour la vieillesse.

CHAPITRE III.

Pensions aux veuves et orphelins des fonctionnaires et employés civils.

Article 23. Les veuves des fonctionnaires et employés civils ont droit à une pension égale à 50 p. 100 de la retraite d'ancienneté ou d'invalidité obtenue par leur mari ou qu'il aurait obtenue le jour de son décès, suivant que la durée de ses services lui eût donné droit à cette date à une pension d'ancienneté ou à une pension d'invalidité.

Ce droit à pension est subordonné à la condition, s'il s'agit d'une pension d'invalidité, que le mariage soit antérieur à l'événement qui a amené la mise à la retraite ou la mort du mari et, s'il s'agit d'une pension d'ancienneté, que le mariage ait été contracté deux ans avant la cessation de l'activité, à moins qu'il existe un ou plusieurs enfants issus du mariage antérieur à cette cessation.

Chaque orphelin a droit, en outre, jusqu'à l'âge de 21 ans, à une pension temporaire égale à 10 p. 100 de la retraite d'ancienneté ou d'invalidité visée ci-dessus, sans toutefois que le cumul de la pension de la mère et de celle des orphelins puisse excéder le montant de la pension attribuée ou qui aurait été attribuée au père. S'il y a un excédent, il est procédé à la réduction temporaire des pensions d'orphelins.

Au cas de décès de la mère ou si celle-ci est inhabile à obtenir pension ou déchue de ses droits, les droits qui lui appartiendraient passent aux enfants âgés de moins de 21 ans, et la pension temporaire de 10 p. 100 est maintenue à partir du deuxième, à chaque enfant mineur de 21 ans, dans la limite du maximum fixé à l'alinéa précédent.

Les enfants naturels reconnus sont assimilés aux orphelins de père et de mère.

Les pensions attribuées aux enfants ne peuvent pas, au total, être inférieures au montant des indemnités pour charges de famille dont le père bénéficierait de leur chef s'il était vivant.

Article 24. Lorsqu'il existe une veuve et des enfants mineurs des deux lits par suite d'un mariage antérieur du fonctionnaire ou employé, la pension de la veuve est maintenue au taux de 50 p. 100; celle des orphelins est fixée, pour chacun d'eux, à 10 p. 100, dans les conditions prévues au troisième alinéa dudit article.

Lorsque les enfants mineurs issus des deux lits sont orphelins de père et de mère, la pension qui aurait été attribuée à la veuve se partage par parties égales entre chaque groupe d'orphelins, la pension temporaire de 10 p. 100 étant, dans ce cas, attribuée dans les conditions prévues au quatrième alinéa de l'article 23.

Article 25. Les orphelins mineurs d'une femme fonctionnaire ou employée décédée en jouissance de pension ou en possession de droits à pension par application des dispositions de la présente loi, ont droit à pension dans les conditions prévues au quatrième paragraphe de l'article 23.

Si le père est vivant, les enfants mineurs ont droit à une pension temporaire réglée, pour chacun d'eux, à raison de 10 p. 100 du montant de la pension attribuée ou qui aurait été attribuée à la mère.

Toutefois, les pensions attribuées aux enfants ne peuvent pas, au total, être inférieures au montant des indemnités pour charges de famille dont la mère bénéficierait de leur chef si elle était en vie.

Article 26. La femme séparée de corps ou divorcée, lorsque le jugement a été prononcé contre elle, ne peut prétendre à la pension de veuve; les enfants, s'il y en a, sont considérés comme orphelins de père et de mère et ont droit à la pension déterminée à l'article 23, quatrième alinéa.

En cas de divorce postérieur à la présente loi et prononcé au profit de la femme, celle-ci aura droit, ainsi que les enfants mineurs, à la pension définie à l'article 23.

En cas de remariage du mari, si celui-ci a laissé une veuve ayant droit à pension, cette pension sera, le cas échéant, partagée par moitié entre la veuve et la femme divorcée; au décès de l'une, sa part accroîtra à l'autre, sauf reversion de droit au profit d'enfants mineurs.

Article 27. Si la veuve se remarie, elle peut, à l'expiration de l'année qui suit son nouveau mariage, renoncer à sa pension. Dans ce cas, elle a droit au versement immédiat d'un capital représentant trois annuités de cette pension, et la pension, si le défunt a laissé des enfants mineurs, est transférée sur leur tête jusqu'à ce que le dernier d'entre eux ait atteint 21 ans.

CHAPITRE IV.

Dispositions spéciales.

Article 28. Les fonctionnaires et employés civils de l'Afrique du Nord, des colonies, pays de protectorat et à mandat, dont les emplois conduisent à pension de l'État sont soumis, ainsi que leurs ayants droit, à l'application dès règles tracées aux dispositions générales et aux chapitres 1ᵉʳ, II. III du présent titre pour les fonctionnaires et employés civils.

Toutefois, le minimum de 1.500 francs prévu à l'article 21 n'est pas applicable aux agents dont les émoluments assujettis à retenues pour pension ne dépassent pas 3.000 francs. Il est, dans ce cas, fixé à la moitié desdits émoluments.

Article 29. Les fonctionnaires et employés civils, entrés

dans les administrations de l'Etat après l'âge de 30 ans et qui ne pourraient prétendre, à l'âge de 60 ans, à la pension d'ancienneté prévue à l'article 8 de la présente loi, auront droit à 60 ans à une pension calculée à raison d'un trentième ou de un vingt-cinquième de la pension minimum d'ancienneté pour chaque année de service.

Les articles 15 de la loi du 30 avril 1920 et 31 de la loi du 29 avril 1921 sont abrogés, sauf en ce qui concerne les agents qui, déjà affiliés par application de ces textes à la Caisse nationale des retraites pour la vieillesse, demanderaient, dans un délai de six mois, leur maintien sous le régime de cette caisse.

TITRE II.

MILITAIRES DES ARMÉES DE TERRE ET DE MER.

CHAPITRE PREMIER.

Pensions d'ancienneté et proportionnelle.

Article 30. Le droit à la pension d'ancienneté de services est acquis, pour les officiers des armées de terre et de mer, à trente ans accomplis de services militaires effectifs et, pour les personnels militaires non officiers, à vingt-cinq ans accomplis de services militaires effectifs.

Toutefois, ce droit est acquis à vingt-cinq ans de services militaires effectifs pour les officiers de toutes armes, de tous corps ou services, des armées de terre ou de mer lorsqu'ils comptent six ans de services accomplis hors d'Europe ou en navigation au service de l'Etat. Les services en navigation devront être accomplis dans les conditions fixées par un règlement d'administration publique.

Le temps passé par un officier des troupes coloniales entre le 2 août 1914 et le 11 novembre 1918 sur l'un quelconque des théâtres d'opérations autre que les colonies ou pays de prolectoral français lui sera compté pour la moitié de sa durée effective comme temps de séjour aux colonies.

Sont assimilées au service en navigation les fonctions remplies par les officiers des armées de terre et de mer appartenant aux personnels volants ou navigants de l'aéronautique, sous la réserve qu'ils aient justifié durant quatre ans de services aériens exécutés dans les conditions fixées par l'article 37 ci-après.

Ont également droit à la pension d'ancienneté après vingt-cinq ans accomplis de services effectifs, les officiers qui, bien que ne réunissant pas six ans de services de la nature définie au paragraphe 2 ci-dessus, ont été placés en non-activité pour infirmités temporaires et reconnus, par un conseil d'enquête, non susceptibles d'être rappelés à l'activité.

Les officiers qui, aux termes de l'article 116 de la loi du 30 juin 1923, peuvent être mis à la retraite avec le grade supérieur et la jouissance de la pension de ce grade, continueront à bénéficier des avantages de cette loi, sans qu'il soit tenu compte du traitement de leurs trois dernières années d'activité.

Cette disposition s'appliquera aux officiers de cette catégorie mis à la retraite après le 1er janvier 1923.

Article 31. Pour la détermination du droit à la pension militaire de retraite à titre d'ancienneté de service, le point de départ des années de services effectifs se compte d'après les règles fixées par les lois de recrutement sans que, toutefois, l'effet de cette disposition puisse faire remonter le point de départ des services avant l'âge de 16 ans.

En ce qui concerne les élèves admis dans les grandes écoles militaires et navales et dans les écoles militaires préparatoires de l'Etat et à l'école coloniale, antérieurement à tout engagement militaire, les services effectifs se comptent du jour de l'entrée à l'école, sous réserve de la disposition restrictive visée à l'alinéa précédent.

Article 32. Les services civils entrent en compte pour l'établissement du droit à pension militaire.

Article 33. En temps de guerre, les retraités militaires rappelés à l'activité reçoivent la solde d'activité et les accessoires de solde de leur grade. S'ils perçoivent une solde mensuelle, le payement de leur pension de retraite est suspendu jusqu'au moment où ils sont rendus à la vie civile.

Les prescriptions interdisant le cumul d'une solde et d'une pension militaire sont, d'autre part, suspendues, pendant toute la durée de la mobilisation, pour les retraités militaires rappelés à l'activité et touchant une solde journalière.

La pension est revisée sur la solde du grade le plus élevé en tenant compte des nouveaux services.

Article 34. Chaque année de services effectifs au delà du minimum de temps de service exigé pour le droit à pension et chaque année de campagne donnent droit à une majoration d'un cinquantième de la solde moyenne.

Toutefois, la pension ne pourra dépasser les trois quarts de la solde moyenne que pour les militaires et marins non officiers qui pourront obtenir quinze annuités supplémentaires au delà du minimum sans dépasser ce nombre

Le minimum de la pension des caporaux et soldats ou des militaires des armées de terre et de mer de grade correspondant ne peut être inférieur à 2.120 francs pour les caporaux et à 1.920 francs pour les soldats. Les maxima sont, dans ce cas, de 2.550 francs pour les caporaux et 2.220 francs pour les soldats, chaque annuité correspondant à un quinzième de la différence entre le maximum et le minimum.

Article 35. Les officiers généraux placés dans la 2e section de l'état-major général reçoivent une solde égale au taux de la pension à laquelle ils auraient droit s'ils étaient retraités.

Article 36. Aux militaires de tous grades de l'armée de terre ainsi qu'aux personnels militaires des différents corps de la marine qui réunissent les conditions voulues pour l'admission à pension de retraite, il est attribué en sus de la durée effective de leurs services à l'Etat des bénéfices de campagne décomptés selon les règles ci-après :

A. — Double en sus de la durée effective pour le service accompli en opérations de guerre :

1° Soit dans les opérations des armées françaises et des armées alliées;

2° Soit à bord des bâtiments de guerre de l'Etat, des bâtiments de commerce au compte de l'Etat ou des mêmes bâtiments des puissances alliées.

Dans les cas envisagés ci-dessus, le bénéfice de la double

campagne ne prendra fin pour tout blessé de guerre qu'à l'ex piration d'une année complète à partir du jour où il a reçu sa blessure.

B. — Totalité en sus de la durée effective :

1° Pour le service accompli sur le pied de guerre pour tous les militaires et marins autres que ceux placés dans les positions définies au paragraphe A ci-dessus;

2° Pour le service accompli en voyage de découverte ou d'exploration sur l'ordre du gouvernement;

3° Pour le temps passé en captivité pour les militaires et marins prisonniers de guerre;

4° Pour le service accompli en Corse et dans l'Afrique du Nord par la gendarmerie.

C. — Totalité en sus ou moitié en sus de la durée effective, selon le degré d'insalubrité ou les conditions d'insécurité du territoire envisagé, lesquels seront déterminés par un règlement d'administration publique; le service accompli, soit à terre, soit à bord des bâtiments de l'Etat ou des bâtiments de commerce au compte de l'Etat :

1° En Algérie, dans les colonies, pays de protectorat ou territoires à mandat, pour les militaires et marins envoyés de la métropole, d'Algérie ou d'une autre colonie ou pays de protectorat;

Sont considérés à cet égard comme envoyés d'Europe les militaires et marins français originaires d'Europe ou nés dans une colonie, pays de protectorat ou territoire à mandat, de père et mère tous deux Européens, de passage dans ces régions et n'y étant pas définitivement fixés.

2° Dans un pays étranger, pour les troupes d'occupation de terre et de mer et pour les catégories de personnel désignées par décret contresigné par le ou les Ministres intéressés et par le Ministre des finances.

D. — Moitié en sus de la durée effective :

1° Pour le service accompli sur le pied de paix à bord des bâtiments de l'Etat armés et dans les conditions fixées par un décret;

2° Pour le temps passé à bord des mêmes bâtiments ou de bâtiments de commerce, en temps de paix, entre la métropole et un territoire colonial ou à mandat, de protectorat ou étranger, en cas d'embarquement pour rejoindre ou quitter son poste.

E. — Moitié de la durée effective, et à titre de bonification seulement, la navigation accomplie, en temps de guerre seulement, à bord des bâtiments ordinaires du commerce. Les bonifications ainsi acquises ne pourront jamais entrer pour plus d'un tiers dans l'évaluation totale des services admis en liquidation.

Article 37. En dehors des opérations de guerre, l'exécution d'un service aérien commandé donne droit à des bonifications dans la limite maxima du double en sus de la durée effective des services à l'État.

Des décrets rendus sur la proposition des Ministres de la guerre ou de la marine ou des Ministres disposant de personnel exécutant des services aériens, contresignés par le Ministre des finances, détermineront les conditions dans lesquelles le service aérien doit être exécuté pour donner droit à des bonifications et en fixeront la quotité.

Dans aucun cas celles-ci ne pourront, par période de douze mois consécutifs, dépasser deux ans, ni se cumuler au delà de ce chiffre avec des bonifications obtenues pour d'autres causes.

Article 38. Lorsque les services effectifs sont de nature à donner à la fois des droits à plusieurs des bonifications prévues à l'article 36 ci-dessus, les bonifications ainsi allouées s'additionnent sans toutefois que la période supplémentaire fictive, accordée comme bonification, puisse jamais dépasser le double de la durée effective du service auquel elle se rapporte.

Article 39. Les bénéfices de campagne sont calculés sur la durée des services qu'ils rémunèrent. Toutefois, lorsqu'un nombre impair de jours de services effectifs donne lieu à bonification de moitié en sus, cette bonification est complétée à un nombre entier de jours.

Lorsque le décompte final des services effectifs et des bonifications pour campagne fait ressortir dans le total une fraction de mois, celle-ci, dans le calcul du taux de la pension à allouer, est décomptée pour un douzième entier d'annuité.

Article 40. Le mode de décompte des bénéfices de campagne

établi par la présente loi sera appliqué à tous les services accomplis à dater de la promulgation de la présente loi; pour les service antérieurs, les règles en vigueur antérieurement à l'application de la présente loi demeureront applicables.

Article 41. Les pensions des militaires non officiers de la gendarmerie sont augmentées, pour chaque année d'activité passée dans la gendarmerie au delà de quinze ans de services militaires effectifs :

De 55 fr. pour le chef de brigade H. C. ou de..... 1re classe.
De 50   —   —   ..... 2e —
De 45   —   —   ..... 3e —
De 40   —   —   ..... 4e —
De 35 francs pour le gendarme.

Le droit à ces annuités, basé sur le grade dont le militaire est titulaire à l'époque de sa mise à la retraite, est acquis après vingt-cinq ans de services effectifs. Le maximum de l'augmentation est atteint à trente ans de services effectifs.

Le militaire qui, après être sorti de la gendarmerie pour une cause quelconque, y est réadmis, ne profite de la majoration dont il s'agit que pour le temps accompli dans cette arme depuis sa réadmission.

En cas d'admission à la retraite à titre de blessures ou d'infirmités contractées au service, le bénéfice des annuités déterminé ci-dessus est acquis au militaire, mais seulement pour le nombre d'années de présence dans la gendarmerie.

Les dispositions du présent article sont applicables aux militaires de la gendarmerie maritime qui ont été versés d'office dans ce corps par suite de la suppression du personnel de surveillance des prisons maritimes. Les services accomplis par ces militaires, en qualité de surveillants des prisons maritimes, seront réputés accomplis dans la gendarmerie pour le calcul de la majoration spéciale.

Article 42. Les droits à pension d'ancienneté ou à pension proportionnelle pour les militaires indigènes recrutés par voie d'engagement ou d'appel individuel sont acquis dans les mêmes conditions que pour les militaires français. Le taux et les règles d'allocation desdites pensions, pour les militaires indigènes non officiers, sont fixés par des règlements d'administration publique, d'après les conditions de la vie locale.

Article 43. Les militaires servant ou ayant servi au titre étranger ont les mêmes droits à pension que les militaires servant ou ayant servi au titre français, sauf dans le cas où ils participeraient à un acte d'hostilité contre la France. Toutefois, sous la réserve que les autres conditions requises par la présente loi pour la réversibilité de la pension seront remplies, le droit à pension n'est réversible que si l'intéressé a épousé une Française.

Article 44. Les militaires et marins de tous grades et de tous les corps peuvent être admis sur leur demande, après quinze ans accomplis de services effectifs et 33 ans d'âge, au bénéfice d'une pension de retraite proportionnelle calculée d'après les règles ci-après.

Si le total des services effectifs et des annuités pour bénéfices de campagne est égal ou inférieur à vingt-cinq ans, pour les militaires ou marins non officiers et pour les officiers réunissant, d'autre part, six années de services hors d'Europe ou en navigation au service de l'Etat, ou à trente ans pour les officiers ne réunissant pas cette dernière condition, le taux de la pension est égal, suivant le cas, à autant de un vingt-cinquième ou de un trentième de la pension qui reviendrait à l'ayant cause s'il était admis à la retraite à titre d'ancienneté de services.

Si le total des services effectifs et des annuités pour campagnes dépasse vingt-cinq ou trente annuités, suivant le cas, la pension est liquidée comme pension d'ancienneté en ajoutant au minimum de la pension correspondant à vingt-cinq ou trente annuités, et pour chaque annuité supplémentaire, un cinquantième de la solde moyenne.

Dans tous les cas, et pour les officiers seulement, la jouissance de cette pension est différée jusqu'au jour où l'ayant cause aurait eu droit à une pension d'ancienneté ou aurait été atteint par la limite d'âge s'il était resté au service. De plus, le nombre des retraites proportionnelles d'officiers à accorder chaque année sur demande sera déterminé annuellement par la loi de finances.

Les militaires et marins venant à quitter le service pour quelque cause que ce soit, sans pouvoir prétendre à pension, auront droit au remboursement de la retenue subie d'une manière effective sur leur solde dans les conditions prévues à l'article 17 (paragraphes 2 et 3).

Article 45. Tout officier placé en position de réforme pour

infirmités incurables dans les conditions fixées par la loi du 19 mai 1834 sur l'état des officiers et pour infirmités non imputables au service reçoit, s'il a moins de quinze ans de services effectifs à l'État, pendant un temps égal à la durée de ses services, une solde de réforme égale aux deux tiers du minimum de la pension qui lui serait allouée s'il était admis à la retraite à titre d'ancienneté de services.

Si la réforme est prononcée par mesure disciplinaire, le montant de la solde est fixé à la moitié de la pension.

L'officier ayant au moment de sa réforme plus de quinze ans de services à l'État reçoit une pension proportionnelle calculée dans les conditions prévues à l'article précédent pour les retraites proportionnelles. La jouissance de cette pension est immédiate.

Si la réforme est prononcée par mesure disciplinaire, la pension est exclusive de toute majoration pour bénéfice de campagne.

Le sous-officier ou l'officier marinier qui, après avoir servi pendant cinq ans au delà de la durée légale, serait réformé sans avoir acquis des droits, soit à une pension proportionnelle, soit à une pension d'invalidité, reçoit, pendant un temps égal à la durée de ses services effectifs, une solde de réforme égale au montant de la pension proportionnelle de son grade.

Article 46. Les officiers et assimilés admis dans les cadres de l'activité dans des conditions telles que la durée de leurs services, au moment où ils sont atteints par la limite d'âge, ne serait pas suffisante pour leur donner droit à une pension d'ancienneté, reçoivent une pension proportionnelle calculée dans les conditions prévues à l'article 44.

CHAPITRE II.

Pensions d'invalidité.

Article 47. Les pensions d'invalidité restent fixées par la législation spéciale sur les pensions pour invalidité des militaires et marins pour toutes les invalidités contractées ou aggravées par le fait et à l'occasion du service.

L'article 59 de la loi du 31 mars 1919 est étendu à tous les cas où l'infirmité est attribuable à un service accompli en opérations de guerre.

En aucun cas, la pension d'invalidité accordée à un militaire mis à la retraite pour infirmité le rendant définitivement incapable d'accomplir son service ne pourra être inférieure à la pension minimum d'ancienneté du grade, augmentée des annuités pour campagnes acquises par l'intéressé.

CHAPITRE III.

Pensions des veuves et orphelins des militaires et marins.

Article 48. Sont applicables aux ayants cause des militaires et marins dont les droits ne se trouvent pas régis par la législation spéciale des pensions pour invalidité les dispositions du chapitre III du titre 1er de la présente loi, sous réserve de la disposition particulière ci-après :

La pension des veuves des maréchaux de France et amiraux est fixée à 18.000 francs.

Article 49. La pension des ayants cause des militaires et marins de tous grades, décédés titulaires d'une pension proportionnelle, est calculée en prenant pour base le taux de cette pension.

Les ayants cause des militaires des armées de terre et de mer, décédés en activité de service, après quinze ans de services effectifs à l'État, reçoivent une pension dont le montant est également calculé d'après le taux de la pension proportionnelle à laquelle aurait pu prétendre le militaire décédé, que celui-ci ait ou non demandé le bénéfice du 4° alinéa de l'article 44.

Article 50. Les droits à pension des ayants cause des militaires et marins décédés titulaires d'une pension d'invalidité ou décédés en activité des suites de blessures ou de maladies aggravées ou contractées en service sont fixés par la législation spéciale sur les pensions pour invalidité.

Lorsque les dispositions de l'article 51 ne leur sont pas applicables, la pension qui leur est dévolue ne peut être inférieure à celle qui leur reviendrait en prenant pour base celle prévue au dernier alinéa de l'article 47.

Article 51. Lorsqu'un militaire ou marin réunissant les conditions requises pour l'obtention d'une pension fondée sur la durée des services vient à décéder, par le fait ou à l'occasion du service, en possession d'une pension réversible d'invalidité ou de droits à une pension de cette nature, ses ayants cause peuvent opter pour la pension fixée par les tarifs de la loi spéciale aux pensions d'invalidité ou pour la pension de réversion fixée par la présente loi.

Dans ce dernier cas, la pension de réversion d'ancienneté est augmentée de la pension à laquelle la veuve ou les orphelins d'un soldat décédé en possession des droits, et dans les conditions spécifiées ci-dessus, pourraient prétendre en vertu de la loi spéciale aux pensions d'invalidité.

Article 52. Les droits des ayants cause des militaires ou marins indigènes de l'Algérie, des colonies, pays de protectorat et territoires à mandat, appelés ou engagés dans les conditions prévues à l'article 42, seront déterminés par des règlements d'administration publique qui statueront, pour chaque colonie, d'après les conditions de la vie locale.

CHAPITRE IV.

Dispositions spéciales.

Article 53. Les inspecteurs des colonies, ainsi que leurs ayants cause, sont soumis aux dispositions générales et à l'application des règles tracées aux chapitres 1er, II et III du présent titre pour les militaires des armées de terre et de mer.

Les surveillants militaires des établissements pénitentiaires coloniaux ainsi que leurs ayants cause, sont soumis aux mêmes dispositions.

TITRE III.

DISPOSITIONS D'ORDRE COMMUNES AUX PENSIONS CIVILES ET MILITAIRES.

Article 54. Les pensions instituées par la présente loi sont incessibles et insaisissables, sauf en cas de débet envers l'Etat, les services locaux des colonies ou pays de protectorat, ou pour les créances privilégiées aux termes de l'article 2101 du Code civil et dans les circonstances prévues par les articles 203, 205, 206, 207 et 214 du même Code.

Les débets envers l'Etat, ainsi que ceux contractés envers les services locaux des colonies ou pays de protectorat, rendent les pensions passibles de retenues jusqu'à concurrence d'un cinquième de leur montant. Il en est de même pour les créances privilégiées. Dans les autres cas, prévus au précédent alinéa, la retenue peut s'élever jusqu'au tiers du montant de la pension.

La retenue du cinquième et celle du tiers peuvent s'exercer simultanément.

En cas de débets simultanés envers l'Etat et les colonies ou pays de protectorat, les retenues devront être effectuées, en premier lieu, au profit de l'Etat.

Article 55. Lorsqu'un bénéficiaire de la présente loi, titulaire d'une pension, a disparu de son domicile et que plus d'un an s'est écoulé sans qu'il ait réclamé les arrérages de sa pension, sa femme ou les enfants mineurs qu'il a laissés peuvent obtenir, à titre provisoire, la liquidation des droits de réversion qui leur seraient ouverts par les dispositions de la présente loi.

La même règle peut être suivie à l'égard des orphelins lorsque la mère pensionnée ou en possession de droits à pension a disparu depuis plus d'un an.

Une pension peut être également attribuée, à titre provisoire, à la femme ou aux enfants mineurs d'un bénéficiaire de la présente loi, disparu, lorsque celui-ci était en possession de droits à pension au jour de sa disparition et qu'il s'est écoulé au moins un an depuis ce jour.

La pension provisoire est convertie en pension définitive lorsque le décès est officiellement établi ou que l'absence a été déclarée par jugement passé en force de chose jugée.

Article 56. Le droit à l'obtention ou à la jouissance de la pension est suspendu :

Par la condamnation à la destitution prononcée par application des articles du Code de justice militaire ou maritime;

Par la condamnation à une peine afflictive ou infamante, pendant la durée de la peine;

Par les circonstances qui font perdre la qualité de Français, durant la privation de cette qualité;

Pour les veuves et femmes divorcées, par la déchéance de la puissance paternelle.

S'il y a lieu, par la suite, à la liquidation ou au rétablissement de la pension, aucun rappel pour les arrérages antérieurs n'est dû.

Article 57. La suspension de la pension prévue à l'article précédent n'est que partielle si le pensionnaire a une femme ou des enfants mineurs; en ce cas, la femme ou les enfants mineurs reçoivent, pendant la durée de la suspension, la pension à laquelle ils auraient droit si le pensionnaire était décédé.

Les frais de justice résultant de la condamnation du pensionnaire ne peuvent être prélevés sur la portion des arrérages ainsi réservés au profit de la femme et des enfants.

Article 58. Tout bénéficiaire de la présente loi qui est constitué en déficit pour détournement de deniers de l'État, des départements, des communes ou établissements publics, de dépôts de fonds particuliers versés à sa caisse ou de matières reçues et dont il doit compte, ou qui est convaincu de malversations relatives à son service, perd ses droits à la pension, lors même qu'elle aurait été liquidée et inscrite.

La même disposition est applicable au fonctionnaire ou militaire convaincu de s'être démis à prix d'argent, ou à des conditions équivalant à une rémunération en argent, ainsi qu'à son complice.

Article 59. Les titulaires de pensions civiles et militaires d'ancienneté nommés à un emploi civil rétribué soit par l'État, soit par les départements, colonies ou pays de protectorat, communes ou établissements publics, ne peuvent cumuler leurs pensions avec le traitement attaché à cet emploi qu'autant que le total n'excède pas 18.000 francs.

Si la pension et le traitement cumulés donnent une somme

supérieure à ce chiffre, cette somme ne peut excéder soit le montant du dernier traitement ou de la dernière solde d'activité, augmenté des accessoires de traitement ou de solde, soit le montant du traitement correspondant à l'emploi occupé.

Dans tous les cas où la limite est dépassée, la réduction porte sur le traitement attaché à l'emploi et non sur la pension. Toutefois, les indemnités afférentes audit traitement, ayant un caractère temporaire, ou représentatives de dépenses personnelles occasionnées par la résidence, ne sont pas sujettes à réduction.

Les sommes attribuées à titre de supplément colonial et celles ayant le caractère d'un remboursement de dépenses ou d'allocations non personnelles imposées par la fonction, ne rentrent pas en compte pour la détermination du maximum du cumul.

Les dispositions restrictives du cumul ne sont pas applicables aux membres de l'Institut et du Bureau des longitudes, aux membres de l'ordre national de la Légion d'honneur et aux médaillés militaires pour les traitements viagers qu'ils reçoivent en cette qualité, ni aux titulaires de pensions militaires proportionnelles.

Article 60. Les militaires ou marins de la réserve ou de la territoriale cumulent, en temps de paix, pendant les exercices ou manœuvres auxquels ils sont convoqués, la pension militaire dont ils jouissent, avec la solde et les prestations militaires afférentes à leur grade, mais le temps passé sous les drapeaux dans ces conditions n'entre pas dans la supputation des services militaires donnant droit à pension ou à revision de pension.

Article 61. Les indemnités allouées aux titulaires de pensions militaires à raison de l'exercice de fonctions militaires sont cumulables avec la pension dans les limites fixées à l'article 39, mais les services qu'elles rémunèrent ne peuvent en aucun cas ouvrir de nouveaux droits à la retraite ou à la revision de la pension.

Article 62. Le cumul de plusieurs pensions servies par l'État, les départements, colonies ou pays de protectorat, les communes ou établissements publics, est autorisé dans la limite de 18.000 francs. Au cas où cette limite est dépassée, l'excédent est retenu sur la pension servie par l'État.

Le cumul est interdit pour les pensions acquises dans l'exercice d'un même emploi.

En aucun cas, et pour quelque cause que ce soit, une veuve ne pourra cumuler sur sa tête deux pensions de réversion au titre de la présente loi. Il en est de même des orphelins.

Les dispositions du présent article ne sont pas applicables aux pensions que les lois antérieures ont affranchies des prohibitions du cumul, ni aux pensions militaires pour blessures ou infirmités pour lesquelles aucune modification n'est apportée aux dispositions en vigueur.

TITRE IV.

DISPOSITIONS SPÉCIALES OU TRANSITOIRES.

Article 63. Toute nomination d'un pensionné civil ou militaire à titre d'ancienneté de service, à un emploi de l'Etat, des départements, des communes ou établissements publics doit être notifiée dans les quinze jours au Ministre des finances par l'autorité qui l'a prononcée.

Article 64. La liquidation de la pension est faite par le Ministre compétent.

Lorsqu'il s'agit d'une pension civile d'invalidité attribuée dans les conditions de la présente loi ou d'une pension militaire d'invalidité ne résultant pas d'événements de guerre, cette liquidation est soumise à l'examen de la section des finances, de la guerre, de la marine et des colonies du Conseil d'Etat. Il en est de même s'il s'agit d'une pension d'ancienneté civile ou militaire, donnant lieu soit à un désaccord entre le Ministre liquidateur et le Ministre des finances, soit à une demande de renvoi faite par l'un des Ministres intéressés.

Les pensions civiles sont concédées par décret contresigné par le Ministre des finances. La pension est inscrite et le titre délivré après la publication au *Journal officiel*.

Il n'est rien modifié, en ce qui concerne la concession des pensions militaires, aux dispositions de l'article 2 (1er alinéa) de la loi du 27 avril 1920; ces pensions sont concédées par arrêtés interministériels signés du Ministre liquidateur et du Ministre des finances.

Ampliation du décret ou de l'arrêté interministériel est délivrée à la Caisse des pensions.

Article 65. Les pensions attribuées en vertu de la présente loi sont irrévocables. Elles peuvent toutefois être annulées et revisées, s'il y a lieu, dans les cas suivants, par un décret rendu sur le rapport du Ministre des finances, après avis du Conseil d'Etat :

1° Lorsqu'une erreur matérielle de liquidation ou de concession a été commise;

2° Lorsque les énonciations des actes ou des pièces sur le vu desquels la pension a été concédée sont reconnues inexactes, soit en ce qui concerne la fonction ou le grade, le décès ou le genre de mort, soit en ce qui concerne l'état civil ou la situation de famille;

3° Lorsqu'il est démontré que la pension a été accordée en raison d'infirmités dont l'intéressé n'était pas atteint au moment où son droit a été constaté;

4° Lorsqu'un ancien fonctionnaire ou militaire dont le prétendu décès a ouvert droit à pension de veuve ou d'orphelin est reconnu vivant.

La restitution des sommes payées indûment ne peut être exigée que si l'intéressé était de mauvaise foi. Cette restitution sera poursuivie, à la diligence de la Caisse des pensions, par l'agent judiciaire du Trésor.

Article 66. Tout pourvoi contre le rejet d'une demande de pension ou contre sa liquidation doit être formé, à peine de déchéance, dans un délai de trois mois à dater de la notification de la décision qui a prononcé le rejet ou qui a arrêté le chiffre de la pension concédée.

Article 67. Les fonctionnaires ou employés civils, les militaires ou marins auxquels la présente loi est applicable, ainsi que leurs ayants droit, sont tenus, à peine de déchéance, de se pourvoir en liquidation dans un délai de cinq ans à partir de la cessation de l'activité, ou en ce qui concerne la veuve et l'orphelin, du décès de l'intéressé.

Article 68. Les veuves des fonctionnaires, employés et ouvriers civils, des militaires et marins qui sont décédés en activité de service avant la promulgation de la loi sans avoir droit à pension recevront une allocation annuelle qui sera de 30, 40 ou 50 francs par année de service, suivant que l'agent décédé avait un traitement, solde ou salaire inférieur à 3.000 ou 6.000 francs, ou un traitement, solde ou salaire de 6.000 francs et au-dessus.

Les veuves pourvues d'un emploi public ou d'un bureau de tabac de 1re classe, en raison des services rendus par leur mari, devront opter entre le maintien de l'emploi ou du bureau de tabac et l'allocation annuelle prévue par le présent article.

Article 69. Dans chaque ministère, un règlement d'administration publique déterminera, dans les six mois de la promulgation de la présente loi, les catégories de personnels dont les emplois, quelle que soit leur dénomination présente, répondent à des besoins permanents et qui, en conséquence, devront être admis au bénéfice des dispositions de la présente loi.

Article 70. Dans les deux mois qui suivront la promulgation de la présente loi, il sera institué une commission extraparlementaire nommée par les Ministres des finances et de l'intérieur, et chargée, dans un délai de six mois, de préparer une réforme du régime des retraites des fonctionnaires, employés et ouvriers départementaux et communaux.

Article 71. Il est créé une caisse intercoloniale de retraites à laquelle seront assujettis les fonctionnaires et agents des cadres locaux européens des colonies, pays de protectorat et territoires à mandat relevant du ministère des colonies dont les emplois ne conduisent pas à pension sur le Trésor public, sans qu'il y ait lieu de distinguer si ces pays possèdent ou non, actuellement, des caisses ou organisations de retraites ou de prévoyance.

La Caisse intercoloniale est alimentée :

1° Par des retenues opérées sur le traitement des fonctionnaires et agents intéressés des colonies et dont le taux est celui déterminé par les articles 3 et 6 ci-dessus;

2° Par les subventions, actuellement versées aux caisses existantes par les budgets généraux, locaux et spéciaux. Les colonies qui n'ont pas actuellement de caisses de retraites verseront des subventions fixées par décret rendu sur la proposition du Ministre des colonies.

Dans le cas où les ressources de la Caisse intercoloniale ne seraient pas suffisantes pour assurer le service des pensions aux ayants droit, un décret, rendu sur la proposition du Ministre des colonies, fixera le *quantum* de la contribution supplémentaire à exiger de chacun des budgets en cause.

La Caisse intercoloniale absorbera toutes les caisses ou organismes de retraites ou de prévoyance existant lors de la promulgation de la loi, après qu'il aura été procédé à l'apurement de leur situation.

Un décret, rendu sur la proposition du Ministre des colonies fixera le montant de la contribution initiale que devront verser, à la Caisse intercoloniale, les colonies ne possédant pas de caisses locales ou organismes de retraite ou de prévoyance; les dépenses administratives de la caisse sont assurées par des crédits inscrits au budget du ministère des colonies et qui seront couverts par des contributions obligatoires correspondantes versées par les budgets généraux, locaux ou spéciaux au compte « Produits divers du budget de l'Etat ».

Un règlement d'administration publique déterminera, dans les six mois qui suivront la mise en application de la présente loi, les modalités d'application des diverses dispositions ci-dessus.

Les fonctionnaires visés au paragraphe premier du présent article qui se trouveront en activité de service au moment de la mise en vigueur de la présente loi et désireront être maintenus sous le régime des dispositions antérieures auxquelles ils étaient assujettis devront formuler, par écrit, leur option à cet égard. Celle-ci sera définitive; elle emportera détermination du régime éventuellement applicable à la veuve ou aux orphelins. Elle devra être formulée avant l'expiration d'un délai dont la durée sera précisée par le règlement d'administration publique à intervenir.

Article 72. Les services rendus dans les cadres locaux des administrations des colonies ou pays de protectorat sont admissibles pour l'établissement du droit à pension et pour la liquidation.

Lorsqu'un fonctionnaire provenant d'un service local passera au service de l'Etat, la pension, tout en étant liquidée sur l'ensemble des services, incombera pour partie à l'administration locale ou à la caisse locale de retraites à laquelle le fonctionnaire était affilié. La part contributive de ces derniers sera proportionnelle à la durée des services rendus dans le cadre local.

La pension sera concédée dans les formes prévues par la présente loi et servie par l'Etat, sauf reversement par l'administration ou la caisse locale de la portion des arrérages mise à leur charge par le décret de concession.

Les administrations locales devront prévoir des mesures analogues en vue de régler les droits à la retraite des agents passant du service de l'Etat dans les cadres locaux.

Les services accomplis par les fonctionnaires et agents, visés au paragraphe 2 ci-dessus, ne pourront être validés et admis dans la liquidation de la pension que si les intéressés ont effectué les versements rétroactifs correspondants.

Article 73. Les militaires visés par les articles 59 et 6) de la loi du 31 mars 1919, les veuves et orphelins visés par l'article 60 de la même loi pourront présenter une nouvelle option qui portera effet du jour de la promulgation de la loi.

Une pension proportionnelle, calculée dans les conditions de l'article 44 ci-dessus, et à jouissance immédiate, est allouée aux officiers à titre temporaire mis à la retraite par application de la loi du 22 juillet 1921.

Article 74. A l'exception des fonctionnaires qui figuraient au jour de la promulgation de la loi sur une liste d'admissibilité ou sur une liste de classement, à un emploi donnant droit à une pension militaire, aucun fonctionnaire, employé ou ouvrier civil nommé postérieurement à la promulgation de la présente loi ne sera plus admis au bénéfice des pensions militaires.

Pour tenir compte des droits acquis, les fonctionnaires, employés civils et ouvriers dont la nomination est antérieure à la présente loi et qui ont été admis au bénéfice des pensions militaires par application des textes législatifs ou règlements actuellement en vigueur, continueront à bénéficier du régime institué par ces lois ou règlements au point de vue du droit à pension d'ancienneté et des bonifications pour campagnes.

Toutefois, et par dérogation aux dispositions de l'article 2 de la présente loi, seront traités pendant le temps durant lequel ils jouiront de la pension militaire :

Comme adjudants-chefs : les ouvriers immatriculés de la guerre chefs d'atelier.

Comme adjudants : les ouvriers immatriculés de la guerre contremaîtres.

Comme sergents-majors : les ouvriers immatriculés de la guerre chefs d'équipes.

Comme sergents : les ouvriers immatriculés de 1re classe de la guerre.

Comme soldats : les ouvriers immatriculés de 2e classe de la guerre.

Comme quartiers maîtres des directions de port : les chefs ouvriers immatriculés de la marine.

Comme marins des directions de port : les ouvriers immatriculés de la marine.

Les ayants cause des personnels visés au présent article pourront opter soit pour les pensions d'invalidité de la loi du 31 mars 1919 s'ils réunissent les conditions exigées par cette loi, soit pour les dispositions du chapitre III du titre Ier de la présente loi. Dans ce dernier cas, et si le mari ou le père comptait au moment de son décès moins de vingt-cinq ans de services effectifs à l'Etat, la pension de la veuve ou des orphelins sera calculée sur la base d'une pension proportionnelle à la durée des services.

Les ouvriers immatriculés qui ont opté pour le régime des retraites des établissements industriels de l'Etat (loi du 21 octobre 1919) auront la faculté d'opter, dans un délai de six mois à partir du jour de sa promulgation, pour le régime prévu par le présent article.

La rente viagère de la pension correspondant aux versements effectués à leur nom au titre de la loi du 21 octobre 1919 leur restera acquise, mais viendra en déduction de la pension calculée suivant les règles de la présente loi. Cette rente viagère sera calculée pour les ouvriers ayant effectué des versements à capital réservé, comme si les versements avaient été faits à capital aliéné.

Article 75. Les services rendus par les chefs d'ateliers de la guerre ou des manufactures de l'Etat et par les agents techniques de la marine pendant le temps durant lequel ils auront servi soit dans les ateliers, soit sur les chantiers, soit à bord des bâtiments de l'Etat sont assimilés aux services rendus dans la partie active.

Article 76. Les fonctionnaires et employés faisant partie des personnels civils bénéficiant du régime des pensions militaires, nommés antérieurement à la promulgation de la présente loi, pourront opter pour le régime commun à tous les fonctionnaires et employés civils.

Ceux de ces fonctionnaires ou employés qui ont été admis à la retraite à titre d'infirmités, antérieurement à la promulgation de la présente loi, pourront, s'ils réunissaient les droits à pension d'ancienneté au moment de leur radiation des contrôles, être admis au bénéfice des pensions d'ancienneté dans les conditions fixées par la présente loi.

Article 77. Les agents actuellement en fonctions conserveront le bénéfice des dispositions présentement en vigueur pour les services accomplis antérieurement à la promulgation de la présente loi toutes les fois que ces dispositions sont plus favorables que celles de la présente loi.

Article 78. Le bénéfice de l'article premier de la loi du 25 juin 1914 est étendu au personnel de surveillance des services pénitentiaires (gardiens et gardiens-chefs), ainsi qu'aux commissaires de police et inspecteurs de police spéciale et mobile et aux agents de police de l'Etat.

Article 79. Les fonctionnaires et employés civils, anciens combattants, jouiront, pour la retraite, des avantages suivants :

1° Ils pourront obtenir une mise à la retraite anticipée. L'âge et la durée des services à partir desquels cette demande sera recevable seront ceux appliqués aux autres bénéficiaires de la loi de leur catégorie, déduction faite d'un nombre d'années égal à la moitié des années de services accomplies pendant la campagne 1914-1919;

2° Si, par suite de l'exercice de leurs fonctions, les infirmités ou maladies contractées dans la zone des armées pendant la guerre 1914-1919 par les bénéficiaires de la présente loi, viennent à s'aggraver au point de les mettre dans l'impossibilité de continuer leurs fonctions, ils pourront, par extension des dispositions de l'article 21, obtenir une pension exceptionnelle, quels que soient leur âge et la durée de leur activité;

Le taux de cette pension est celui prévu par ledit article 21, accru de la liquidation des bénéfices de campagnes;

3° Ils peuvent invoquer le bénéfice de l'article 14 de la présente loi;

4° Le droit à la revision ou à la constitution des pensions conformément aux dispositions du présent article est ouvert :

a) Aux titulaires de pensions déjà liquidées ou à leurs ayants droit;

b) Aux ayants droit de fonctionnaires décédés avant la promulgation de la présente loi;

5° Pour l'application des dispositions de l'article 10 de la loi du 18 avril 1831, modifié par l'article 127 de la loi du 13 juillet 1911 et de l'article 2 de la loi du 5 août 1879 sur les pensions du personnel du Département de la marine et des colonies est assimilé au temps de service effectif aux colonies le temps passé sous les drapeaux par les fonctionnaires de la marine et des colonies entre le 2 août 1914 et le 24 octobre 1919, ainsi que le temps passé à l'hôpital ou en congé de convalescence après leur démobilisation par suite de blessures ou maladies contractées au cours de leur mobilisation.

Les avantages reconnus par le présent article sont accordés aux fonctionnaires dégagés de toute obligation militaire et à ceux qui, par ordre, sont restés à leur poste pendant l'occupation ennemie, ainsi qu'à tous les fonctionnaires qui ont été tenus de résider en permanence ou d'exercer continuellement leurs fonctions dans les localités ayant bénéficié de l'indemnité de bombardement.

Pour cette dernière catégorie de fonctionnaires, il sera tenu compte des conditions ci-dessus pour la période comprise entre le 1er janvier et le 1er décembre 1918.

Les fonctionnaires qui, dégagés de toute obligation militaire, ont contracté un engagement pour la durée de la guerre dans une arme combattante, auront la faculté de prolonger leur service au delà de l'époque où s'ouvre leur droit à pension d'un temps égal à celui de leur mobilisation, sauf avis contraire du conseil d'enquête établi en exécution de l'article 111 de la loi du 30 juin 1923.

Article 80. Les bénéficiaires civils ou militaires de la présente loi, pourront compter, dans la liquidation de leur pension, nonobstant les maxima prévus aux articles 2 et 34, les annuités supplémentaires acquises au titre des bénéfices de campagne pendant la guerre 1914-1919, sans que le taux de la pension puisse dépasser, en sus du minimum, la valeur de quinze annuités supplémentaires, compte tenu de tous les éléments entrant dans le calcul de la pension.

Article 81. Un règlement d'administration publique déterminera, dans les six mois de la promulgation de la présente loi, les mesures propres à en assurer l'exécution.

Article 82. La présente loi est applicable à l'Algérie et aux colonies. Des règlements d'administration publique en détermineront les détails d'application dans les six mois à dater de la promulgation de la présente loi.

Article 83. Le délai d'option prévu par l'article 3 (paragraphe 5) de la loi du 22 juillet 1923, relative au statut des fonctionnaires des départements du Haut-Rhin, du Bas-Rhin, et de la Moselle, est prorogé jusqu'à l'expiration du sixième mois suivant la promulgation de la présente loi.

Un décret spécial fixera, dans un délai de trois mois, les modalités de cette option et les conditions dans lesquelles la présente loi sera appliquée aux départements du Haut-Rhin, du Bas-Rhin et de la Moselle.

La présente loi ne pourra, en aucun cas, s'appliquer à ceux qui ont servi, sans autorisation de l'Etat français, dans une armée étrangère, comme officier ou assimilé de l'armée active.

Article 84. Sont abrogées les dispositions des lois antérieures en ce qu'elles ont de contraire à la présente loi.

TITRE V.

RÉGIME FINANCIER DES RETRAITES.

Article 85. Il est créé, sous la garantie de l'Etat, en vue du service des pensions civiles et militaires accordées par la présente loi, une « Caisse des pensions », qui reçoit et capitalise : d'une part, les retenues prélevées sur les traitements, les salaires et les soldes; d'autre part, les subventions à la charge de l'Etat.

Le Ministre des finances est autorisé à ajourner la mise en œuvre de la Caisse des pensions jusqu'au 1er janvier 1928.

Article 86. La Caisse des pensions est dirigée par un conseil composé de vingt-quatre membres, savoir :

Le directeur du budget et du contrôle financier au ministère des finances ou son délégué, le directeur général de la Caisse des dépôts et consignations ou son délégué, le directeur de la Dette inscrite ou son délégué, le directeur de la comptabilité publique ou son délégué, un conseiller d'Etat et un conseiller de la Cour des comptes désignés par chacune de ces assemblées, un membre désigné par le Ministre de la guerre, un membre désigné par le Ministre de la marine, trois sénateurs désignés par le Sénat, cinq députés désignés par la Chambre, huit représentants de fonctionnaires, d'employés ou d'ouvriers élus par le personnel parmi les agents en activité ou en retraite, pour une durée renouvelable de deux ans.

Le fonctionnement administratif de ladite caisse sera déterminé par un règlement d'administration publique.

Article 87. La Caisse des pensions établit sa situation financière au 31 décembre de chaque année, en faisant ressortir, d'une part, séparément pour les pensions civiles et pour les pensions militaires, la valeur des droits liquidés et des droits en formation, et, d'autre part, le montant de son actif. Cette situation fait l'objet d'un rapport indiquant les moyens dont dispose la caisse pour assurer l'équilibre de ses ressources et de ses charges. Ce rapport est adressé au Ministre des finances et publié au *Journal officiel*.

Article 88. Les dépenses administratives de la Caisse des pensions sont assurées par crédits inscrits au budget du ministère des finances.

Article 89. En cas d'augmentation des traitements, des soldes ou salaires des fonctionnaires et employés civils, des militaires et marins, la Caisse des pensions reçoit, à l'aide de crédits spéciaux ouverts à cet effet, par la loi même d'augmentation, le complément de réserves mathématiques nécessaire pour faire face à l'accroissement de ses charges et parer à l'insuffisance des retenues et des subventions versées antérieurement au profit des fonctionnaires, employés civils, militaires et marins en activité de service, lors de la mise en vigueur du régime nouveau.

Article 90. Les pensions attribuées conformément aux dispositions de la présente loi sont inscrites au grand-livre de la Dette publique et payées par le Trésor.

La Caisse des pensions rembourse au Trésor les arrérages payés sur les pensions concédées aux fonctionnaires entrés dans l'administration à dater de la promulgation de la présente loi, ainsi qu'à leurs veuves et orphelins.

Les conditions et délais de remboursement seront déterminés par le règlement d'administration publique prévu à l'article 91 ci-après.

Article 91. Les fonds de la Caisse des pensions, provenant des retenues et des subventions correspondantes, sont gérés par la Caisse des dépôts et consignations. Ils sont placés, sur la désignation de la Caisse des pensions et avec l'autorisation du Ministre des finances, en rentes sur l'Etat, en valeurs du Trésor, ou, jouissant de la garantie de l'Etat, en prêts aux départements, communes, colonies, pays de protectorat.

Les placements en rentes sur l'Etat, en valeurs du Trésor, ou jouissant de la garantie de l'Etat, sont effectués gratuitement par la Caisse des dépôts et consignations, moyennant le simple remboursement des droits et frais de courtage ou d'acquisition. La Caisse des dépôts et consignations ne peut se refuser à exécuter les ordres d'achat et de vente, sauf à les fractionner, s'il y a lieu, suivant la situation du marché. En outre, pour les ordres de vente, l'autorisation préalable du Ministre des finances doit avoir été donnée à la Caisse des pensions.

Les prêts aux départements, communes, colonies ou pays de protectorat, autorisés dans les conditions ci-dessus, donnent lieu à l'établissement de traités passés entre la Caisse des pensions et les emprunteurs, pour en fixer les conditions et les modalités. Ils sont notifiés à la Caisse des dépôts et consignations qui, aux époques indiquées, verse les fonds au Trésor.

Le compte courant ouvert par la Caisse des dépôts et consignations au profit de la Caisse des pensions produit un intérêt égal à celui du compte courant de la Caisse des dépôts et consignations au Trésor. Sont imputés à ce compte les versements des retenues et des subventions.

Un règlement d'administration publique, rendu sur la proposition du Ministre des finances, après avis de la commission de surveillance de la Caisse des dépôts et consignations, déterminera les mesures d'exécution relatives à la gestion financière.

TITRE VI.

DISPOSITIONS CONCERNANT LES RETRAITES DÉJA CONCÉDÉES.

Article 92. A dater de la promulagtion de la présente loi, les fonctionnaires et employés de l'Etat, les militaires, marins et assimilés, titulaires de pensions de retraite, ainsi que leurs ayants cause, obtiendront un relèvement de leurs pensions dans les conditions indiquées aux articles ci-après :

Article 93. La pension principale des retraités visés au précédent article sera affectée tout d'abord du coefficient suivant :

Coefficient 3, jusqu'à 900 francs;

Coefficient 2,5, pour les pensions comprises entre 901 à 1.500 francs;

Coefficient 2,25, pour les pensions comprises entre 1.501 à 2.500 francs;

Coefficient 2, pour les pensions comprises entre 2.501 à 6.000 francs.

Pour les pensions supérieures à 6.000 francs, la première fraction de 6.000 francs est seule affectée du coefficient 2.

Le chiffre produit par l'application de ces coefficients sera majoré, le cas échéant, de telle sorte que la pension soit au moins égale à une pension de la catégorie inférieure affectée d'un coefficient plus élevé.

Quand plusieurs pensions sont fixées sur la même tête, le coefficient est déterminé d'après le total des pensions.

Il ne sera pas fait état, pour l'application de ces coefficients, de l'indemnité temporaire de cherté de vie allouée par la loi du 12 avril 1922, ni de tous suppléments, majorations ou compléments de pension acquis par application de la loi du 25 mars 1920.

Article 94. Il sera procédé ensuite à la revision de leur retraite d'après le décompte des services, établi lors de la liquidation initiale et sur la base des traitements et soldes afférents, au jour de la promulgation de la présente loi, aux grades et emplois occupés pendant les trois dernières années de la carrière.

La retraite, ainsi revisée, remplacera, si elle est supérieure, la pension affectée du coefficient prévu à l'article précédent.

Pour les grades et les emplois qui auraient été supprimés, des décrets en Conseil d'Etat, rendus dans les deux mois de la mise en vigueur de la présente loi, régleront, pour chaque administration, leur assimilation avec les grades et les emplois actuellement existants.

Dans les cas où il serait impossible de retrouver ou de reconstituer les états de services des intéressés, cette impossibilité matérielle serait constatée par la section des finances du Conseil d'Etat, qui déterminerait, par toutes méthodes appropriées, la catégorie de la nouvelle retraite.

Article 95. Le supplément de pension attribué par application des dispositions qui précèdent remplacera l'indemnité de cherté de vie allouée par la loi du 12 avril 1922, qui cessera d'être servie aux bénéficiaires de ces dispositions. Toutefois, les titulaires de pensions, qui bénéficiaient de cette indemnité avant la promulgation de la présente loi et pour lesquels la pension augmentée du supplément n'atteindrait pas le montant de leur ancienne pension augmentée de l'indemnité, recevront un complément de pension suffisant pour que leur situation actuelle ne soit pas modifiée.

La présente loi, délibérée et adoptée par le Sénat et par la Chambre des députés, sera exécutée comme loi de l'Etat.

Fait à Paris, le 14 avril 1924.

Le Président de la République française,
A. MILLERAND.

Par le Président de la République :

Le Ministre des finances,

F. FRANÇOIS-MARSAL.

TEXTES CITÉS AUX DIFFÉRENTS ARTICLES DE LA LOI.

TEXTES CITÉS A L'ARTICLE 4.

LOI DU 30 AVRIL 1921.

Art. 57. — En attendant qu'il ait été procédé à la revision générale prévue par l'article 39 de la présente loi, des suppléments de traitements non soumis à retenue et n'entrant pas en compte pour la retraite sont accordés, à partir du 1" juillet 1921, aux membres du Conseil d Etat, de la Cour des comptes, à tous les magistrats, aux juges de paix et aux commis greffiers.

Ce supplément est fixé à 4.000 francs par an pour les membres du Conseil d'Etat et de la Cour des comptes, les magistrats de la Cour de cassation, des cours d'appel et des tribunaux civils, ainsi que pour les juges suppléants des tribunaux, juges de paix et suppléants rétribués des juges de paix d'Algérie et Tunisie, les juges assesseurs au tribunal de la Seine et les juges suppléants au même tribunal, les magistrats affectés à la chancellerie. Il est également applicable aux deux secrétaires en chef de la première présidence et du parquet de la Cour des comptes, au secrétaire en chef du parquet de la cour d'appel de Paris, au secrétaire général du Conseil d'Etat et au greffier en chef de la Cour des comptes. Il est fixé à 3.000 francs par an pour les juges de paix de France; à 2.000 francs par an pour les juges suppléants des tribunaux de France et les attachés titulaires à la chancellerie, ainsi que les commis greffiers de la Cour de cassation, de la Cour des comptes et de la cour d'appel de Paris; à 1.200 francs par an pour les commis greffiers des autres cours, des tribunaux de première instance et du tribunal de simple police de Paris.

Il est fixé à 800 francs par an pour les greffiers de justice de paix.

LOI DU 30 AVRIL 1921

Art. 70. — Les suppléments de traitements ou d'indemnités de toute nature accordés en vertu des articles ci-dessus en attendant qu'il ait été procédé à la revision générale prévue par l'article 39 de la présente loi ou à la réforme du régime des retraites, ne sont pas soumis à retenue et n'entrent pas en compte pour le calcul de la retraite;

Ils seront alloués aux ayants droit à partir du 1ᵉʳ juillet prochain, savoir :

1° Pour 1921, dans la limite des crédits ouverts au présent budget et uniformément par catégorie;

2° Pour le surplus, en deux annuités égales, de manière que la totalité soit attribuée à partir du 1ᵉʳ janvier 1923.

LOI DU 30 AVRIL 1921.

ART. 66. — La loi du 7 avril 1903 et les articles 9 et 10 de la loi du 6 octobre 1919 sont remplacés par les dispositions suivantes :

ARTICLE 9.

« § 1ᵉʳ. — L'avancement par promotion de classe des fonctionnaires de tout ordre des cadres de l'enseignement secondaire a lieu le 1ᵉʳ janvier de chaque année, partie à l'ancienneté, partie au choix.

« § 2. — Sont promus de droit à la classe supérieure tous les fonctionnaires qui ont accompli dans la classe immédiatement inférieure le stage minimum augmenté de deux ans.

« Sous réserve de l'application des prescriptions de l'article 65 de la loi de finances du 22 avril 1905, l'avancement à l'ancienneté peut être retardé d'une année sur la proposition du recteur, après avis du comité consultatif de l'enseignement secondaire pris à la majorité des deux tiers des voix. L'ajournement motivé doit être notifié à l'intéressé.

« § 3. — Peuvent être promus au choix, dans chaque classe, dans la proportion de 30 p. 100, les fonctionnaires qui ont accompli dans une classe le stage minimum et qui n'ont pas été promus à l'ancienneté. Cette proportion est de 50 p. 100 pour les proviseurs, les censeurs, les économes des lycées de garçons, les directrices des lycées, collèges et cours secondaires, les économes des lycées de jeunes filles, les principaux de collège.

« § 4. — Le stage exigible pour l'admission à promotion à une classe supérieure est de trois ans pour les fonctionnaires agrégés et les professeurs chargés de cours en exercice dans les lycées, et de quatre ans pour toutes les autres catégories de fonctionnaires.

« Exceptionnellement, le stage en 2ᵉ classe est réduit de deux ans pour les fonctionnaires ci-après du cadre de la Seine et de Seine-et-Oise âgés de cinquante-trois ans : proviseurs et directrices classés précédemment dans le cadre des professeurs des départements, proviseurs appartenant antérieurement au cadre des censeurs de Paris, censeurs et économes.

« § 5. — Les fonctionnaires restent rangés dans leur classe actuelle. Un décret déterminera les mesures transitoires que rendrait nécessaire l'application du présent article. »

ARTICLE 10.

TITRE Iᵉʳ. — INDEMNITÉS SOUMISES A RETENUES.

« § 1. — L'indemnité d'agrégation est incorporée dans le traitement des inspecteurs généraux de l'enseignement primaire et secondaire, des proviseurs et directrices, des censeurs et des professeurs agrégés des lycées et des professeurs des écoles des arts et métiers.

« Les professeurs des collèges de garçons et de jeunes filles, les inspecteurs primaires, les inspecteurs d'académie, les directeurs, directrices, professeurs des écoles normales et primaires supérieures, pourvus de l'agrégation, reçoivent une indemnité personnelle de 1.500 francs par an.

« Les préparateurs agrégés des lycées, actuellement en fonctions, recevront l'indemnité d'agrégation.

« § 2. *Indemnité d'admissibilité à l'agrégation (deux admissibilités)*. — Les fonctionnaires de l'enseignement secondaire qui ont été deux fois admissibles à l'agrégation reçoivent une indemnité personnelle de 500 francs par an. Cette indemnité cesse d'être due quand le fonctionnaire est reçu agrégé.

« § 3. *Indemnité de doctorat*. — Les fonctionnaires de l'enseignement secondaire et primaire pourvus du doctorat d'Etat (ès lettre ou ès sciences), reçoivent une indemnité personnelle de 500 francs par an.

§ 4. *Indemnité pour les fonctionnaires des établissements secondaires hors classe*. — Tous les fonctionnaires des établissements secondaires hors classe reçoivent des indemnités personnelles fixées par les contrats intervenus entre l'Etat et les villes.

« § 5. — L'indemnité de direction de la directrice de l'école normale de Sèvres est portée à 4.200 francs.

« § 6. *Indemnités des surveillants généraux de collège*. — Les surveillants généraux de collège reçoivent une indemnité personnelle de 500 à 750 francs par an. »

TITRE II. — Indemnités non soumises a retenue.

« § 7. *Indemnité pour surveillance générale dans les établissements d'enseignement secondaire*. — Les fonctionnaires des établissements d'enseignement secondaire (autres que les surveillants généraux) qui sont chargés de la surveillance générale, reçoivent une indemnité personnelle de 500 à 750 francs par an.

« § 8. *Complément d'indemnité de direction aux principaux*. — Les principaux de collège ayant l'internat à leur compte et non chargés de chaire, peuvent recevoir, après avis du conseil consultatif de l'enseignement secondaire, un complément d'indemnité de direction compris entre 1.000 et 3.000 francs, la moyenne pour l'ensemble de ces fonctionnaires ne pouvant dépasser 2.000 francs.

« § 9. — Les heures de service normal ne sont jamais comptées que pour leur durée effective; il en est de même pour les heures supplémentaires. Tout maître de l'enseignement secondaire, primaire ou technique qui, en sus de son service normal, fait un service supplémentaire d'enseignement, reçoit une rétribution spéciale fixée, par heure de service, d'après le taux moyen du traitement de la catégorie à laquelle il appartient.

« Cette rétribution est fixée comme suit, en ce qui concerne les fonctionnaires de l'enseignement secondaire :

DÉSIGNATION	TAUX DE L'HEURE	
	Paris.	Départemen s.
Professeurs agrégés des lycées de garçons........	1.200 »	900 »
Professeurs agrégés des lycées de jeunes filles......	1.000 »	800 »
Professeurs titulaires non agrégés.................	1.000 »	800 »
Professeurs chargés de cours des lycées de garçons.	900 »	700 »
Professeurs certifiés des lycées, collèges et cours secondaires de jeunes filles, professeurs des collèges de garçons, préparateurs et surveillants généraux licenciés des lycées.	650 »	600 »
Professeurs de dessin.	800 »	600 »
Professeurs chargés du dessin d'architecture et de machines dans les classes préparatoires aux écoles du gouvernement.	900 »	700 »
Professeurs des classes élémentaires............	700 »	550 »
Professeurs chargés de cours non licenciés, maîtres élémentaires, professeurs de dessin (1ᵉʳ degré), maîtresses de chant, de couture, professeurs élémentaires des collèges, instituteurs et institutrices des lycées, collèges et cours secondaires, professeurs de gymnastique, répétiteurs licenciés, surveillants généraux bacheliers.	550 »	500 »
Répétiteurs bacheliers et répétitrices non certifiées.	500 »	450 »

« Les fonctionnaires de l'ordre administratif ne peuvent assurer de suppléance qu'à titre exceptionnel. Lorsque l'horaire normal entraînerait des heures supplémentaires, il pourra être réduit si le nombre des élèves dans la classe est inférieur à 10.

« L'heure d'interrogation effective sera payée 25 francs dans les lycées de la Seine et de Seine-et-Oise; 20 francs dans les lycées des départements.

« § 10. *Indemnité d'admissibilité à l'agrégation (une admissibilité).* — Les fonctionnaires de l'enseignement secondaire et primaire, en exercice ou dans la position de congé prévue par l'article 15 du décret du 9 novembre 1853, admissibles à l'agrégation, reçoivent une indemnité annuelle de 500 francs pendant deux ans, à dater de la rentrée scolaire suivante ou de leur entrée en fonction. Cette indemnité cesse d'être due lorsque le fonctionnaire est appelé au bénéfice des dispositions du paragraphe 2 du présent article.

« § 11. *Indemnité des professeurs des classes élémentaires, des professeurs bacheliers pourvus d'un certificat d'aptitude à l'enseignement d'une langue vivante.* — L'indemnité personnelle de 300 francs attribuée par l'arrêté du 25 octobre 1892, article 2, aux professeurs des classes élémentaires pourvus du certificat d'aptitude à l'enseignement d'une langue vivante (anglais ou allemand), est portée à 500 francs. Le bénéfice de cette disposition est étendu aux professeurs des classes élémentaires pourvus d'un certificat d'aptitude à l'enseignement d'une langue vivante autre que l'anglais ou l'allemand.

» Seuls auront droit à cette indemnité les professeurs en exercice lors de la promulgation de la présente loi.

« § 12. *Indemnité des instituteurs et institutrices pourvus du certificat d'aptitude à l'enseignement d'une langue vivante.* — L'indemnité personnelle de 300 francs attribuée par arrêté du 31 octobre 1892, article 3, aux instituteurs ou institutrices détachés dans les établissements secondaires de garçons et pourvus du certificat d'aptitude à l'enseignement d'une langue vivante (anglais ou allemand) est portée à 500 francs. Le bénéfice de cette disposition est étendu aux instituteurs et institutrices détachés pourvus d'un certificat d'aptitude à l'enseignement d'une langue vivante autre que l'anglais et l'allemand.

« Seuls auront droit à cette indemnité, les instituteurs et institutrices en exercice dans les lycées et collèges lors de la promulgation de la présente loi.

« § 13. *Indemnités des répétitrices des établissements secondaires de jeunes filles pourvues d'un certificat d'aptitude à l'enseignement des lettres, des sciences ou des langues vivantes.* — L'indemnité personnelle de 300 francs attribuée par arrêté du 26 février 1903 aux répétitrices des lycées de jeunes filles pourvues du certificat d'aptitude à l'enseignement secondaire (lettres, sciences ou langues vivantes) et qui participent d'une manière permanente à l'enseignement, est portée à 500 francs. Elle est acquise également aux institutrices des établissements secondaires de jeunes filles.

« § 14. *Indemnités pour suppléances éventuelles dans les établissements secondaires.* — Le tarif des indemnités pour suppléances éventuelles est fixé, pour une classe d'une heure, de la façon suivante :

Cadre de Paris.

« Classes élémentaires :

« Licenciés . . . . 11 francs.
« Bacheliers . . . . 10 —

« Autres classes :

« Licenciés . . . . 12 francs.
« Bacheliers . . . . 11 —

Départements.

« Classes élémentaires :

« Licenciés . . . . 10 francs.
« Bacheliers . . . . 9 —

« Autres classes :

« Licenciés . . . . 11 francs.
« Bacheliers . . . . 10 —

« En cas de surveillance, les tarifs ci-dessus sont réduits de moitié. »

LOI DU 16 JUILLET 1921.

Art. 21. — L'indemnité de fonctions accordée aux magistrats titulaires du ressort de la Cour d'appel de Colmar, par l'article 9 de la loi du 21 avril 1921, est supprimée à dater de la promulgation de la présente loi et remplacée par l'indemnité prévue à l'article 57 de la loi de finances du 30 avril 1921.

LOI DU 31 DÉCEMBRE 1921.

ART. 117. — Des indemnités temporaires sont accordées au personnel des services extérieurs des beaux-arts, conformément aux tableaux annexés à la présente loi.

Ces indemnités, en attendant qu'il ait été procédé à la revision générale des traitements prévue par l'article 39 de la loi du 30 avril 1921, ou à la réforme du régime des retraites, ne sont pas soumises à retenues et n'entrent pas en compte pour le calcul de la retraite.

Elles seront allouées aux ayants droit, à partir du 1er janvier 1922, en deux annuités, de manière que la totalité soit attribuée à partir du 1er janvier 1923.

LOI DU 30 NOVEMBRE 1922.

A accordé aux fonctionnaires des cadres supérieurs des administrations centrales et des divers services extérieurs des indemnités exceptionnelles et temporaires dont le montant a été fixé par état annexé à la loi.

LOI DU 30 JUIN 1923.

ART. 128. — L'article 94 de la loi de finances du 31 décembre 1921, relatif aux suppléments de traitements des greffiers, est ainsi complété :

« Il est fixé à 4.000 francs par an pour le greffier en chef de la Cour de cassation. »

TEXTE CITÉ A L'ARTICLE 5.

LOI DU 30 AVRIL 1921.

ART. 39. — Dans un délai maximum de quatre années à partir de la promulgation de la présente loi, une revision générale des traitements, soldes et indemnités de toute nature sera effectuée dans tous les services de l'Etat et dans les établissements publics de l'Etat dans un but de péréquation et en conformité du mouvement général des prix.

Il sera tenu compte, dans cette revision, des charges de famille des ayants droit. Elle sera préparée par une commission dont la composition sera réglée par décret rendu sur la proposition du Ministre des finances.

TEXTE CITÉ A L'ARTICLE 10.

LOI DU 8 AVRIL 1910.

ART. 85. — Le temps de surnumérariat ou de stage accompli, après l'âge de 20 ans, à l'entrée des carrières civiles, est admissible pour la constitution du droit à pension et pour la liquidation de la pension.

Lors de son admission définitive dans les cadres, le surnuméraire ou stagiaire est astreint à verser rétroactivement les retenues légales sur son traitement initial de fonctionnaire titulaire.

Pourront faire état, pour la retraite, de leur temps de surnumérariat ou de stage, les fonctionnaires titulaires en exercice lors de la promulgation de la présente loi. Toutefois, ce temps ne sera admis en liquidation qu'autant que, dans un délai d'un an, les intéressés auront effectué le versement rétroactif prévu par le paragraphe précédent.

Sont abrogées les dispositions de l'article 23 de la loi du 9 juin 1853 qui sont contraires aux dispositions qui précèdent.

TEXTE CITÉ A L'ARTICLE 15.

LOI DU 30 DÉCEMBRE 1913.

Art. 33. — Les fonctionnaires et employés civils, y compris ceux qui sont régis, au point de vue de la retraite, par l'article 14 de la loi du 5 août 1879, peuvent être détachés au service des départements, communes, colonies, pays de protectorat, pays étrangers, établissements publics ou privés. Ils conservent dans cette position leurs droits à l'avancement hiérarchique et à la pension.

Le détachement est autorisé pour une durée maximum de cinq ans, par arrêté du Ministre dont relève l'agent, sur avis conforme du Ministre des finances. Il peut être prorogé dans les mêmes formes, pour une ou plusieurs périodes égales.

L'intéressé subit les retenues légales sur le traitement d'activité qui lui serait alloué dans le corps ou service dont il est détaché.

Les retenues sont recouvrées pour le compte du Trésor, sur titres de perception établis par le Ministre des finances.

Les agents détachés ne peuvent être admis à la retraite qu'autant qu'ont pris fin les fonctions occupées en cette qualité.

Les avantages spéciaux attachés par la loi du 9 juin 1853, articles 5 (§ 2), 7 (§ 1°), 10 (§ 1°) et par la loi du 17 août 1876 à l'exercice de certaines fonctions publiques, ne sont accordés qu'aux agents détachés dans des administrations publiques françaises ou de pays de protectorat pour y exercer des fonctions de même nature (1).

---

(1) Sont admis de plein droit au bénéfice du présent article, en ce qui concerne la conservation de leurs droits à pension, les fonctionnaires et agents de l'Etat qui, pourvus d'un mandat législatif, ne peuvent, à raison de cette circonstance, continuer d'exercer leur emploi. Les fonctionnaires actuellement pourvus d'un mandat législatif bénéficieront de ces dispositions avec effet rétroactif à compter de la date de leur élection, même si leurs pensions ont été liquidées antérieurement à la promulgation de la présente loi.

Dans ce dernier cas, les retenues qui auraient dû être opérées sur leur traitement, pendant la durée de leur mandat législatif, seront précomptées sur la majoration de leur retraite consécutive à la présente loi, jusqu'à concurrence de moitié de cette majoration. (Loi du 21 octobre 1919; *Journal officiel* du 22 octobre 1919.)

TEXTES CITÉS A L'ARTICLE 29.

LOI DU 30 AVRIL 1920.

Art. 15. — La loi du 9 juin 1853 n'est point applicable aux militaires réformés pour blessures ou infirmités contractées au cours de la guerre actuelle, qui seraient admis dans les administrations de l'Etat après l'âge de 30 ans.

Des versements comprenant, d'une part, les retenues de 5 p. 100 et du premier douzième; d'autre part, des subventions égales à la charge de l'Etat, sont effectuées au nom de ces agents par chaque administration intéressée à la Caisse nationale des retraites pour la vieillesse en vue de la constitution d'une rente viagère, à l'âge de 60 ans, dans les conditions prévues par les lois du 20 juillet 1886 et du 27 mars 1911.

Au moment de leur admission dans l'administration, les intéressés indiquent s'ils entendent effectuer leurs versements personnels à capital aliéné ou à capital réservé. Ils souscrivent et remettent en même temps une déclaration faisant connaître leur état civil. S'ils sont mariés, la moitié des retenues effectuées sur le traitement est versée à leur nom, l'autre moitié au nom de la femme. S'ils sont célibataires, veufs ou divorcés, ils s'engagent à aviser l'administration en cas de mariage ultérieur, de leur changement d'état civil; le partage des versements n'ayant lieu qu'à dater de la notification du mariage à la Caisse nationale des retraites; il cesse, en outre, en cas de divorce ou de séparation de corps ou de biens.

Les versements de l'Etat sont toujours effectués, à capital aliéné, au profit exclusif de l'agent. Les rentes provenant des sommes représentant cette part contributive sont incessibles et insaisissables. Ceux desdits agents qui, nommés antérieurement à la présente loi, auraient déjà été soumis à des retenues au titre de pension civile, pourront, néanmoins, s'ils en font la demande expresse, dans le délai de six mois, au Ministre dont ils relèvent, demeurer soumis aux dispositions de la loi du 9 juin 1853. A défaut par eux de produire cette demande, ils seront affiliés d'office à la Caisse nationale des retraites dans les conditions ci-dessus fixées, avec effet du jour de leur entrée en fonctions.

LOI DU 29 AVRIL 1921.

Art. 31. — Les fonctionnaires admis dans les administrations de l'Etat après l'âge de 30 ans seront soumis aux dispositions de l'article 15 de la loi du 30 avril 1920.

Toutefois, pour les fonctionnaires qui, avant leur admission dans les cadres, auraient déjà accompli des services admissibles pour la constitution du droit à pension, l'âge fixé au paragraphe précédent sera augmenté d'un temps égal à la durée de ces services.

Le délai d'option prévu au dernier paragraphe de l'article 15 de la loi du 30 avril 1920, à l'égard des fonctionnaires qui auraient déjà été soumis à des retenues au titre des pensions civiles, courra à dater de la promulgation de la présente loi (article 31 de la loi du 29 avril 1921 portant régularisation de crédits ouverts sur l'exercice 1920).

Toutefois, les dispositions de l'article 15 de la loi du 30 avril 1920 ne seront pas applicables aux magistrats et aux juges de paix admis au service de l'Etat avant l'âge de 45 ans (article 15 de la loi de finances du 31 décembre 1921).

TEXTE CITÉ A L'ARTICLE 30.

LOI DU 30 JUIN 1923.

ART. 116. — Par dérogation aux dispositions de l'article 10 de la loi du 11 avril 1831 sur les pensions de l'armée de terre (1) en 1923 (2) :

a) Les officiers supérieurs, les généraux et les fonctionnaires militaires assimilés qui, au cours des hostilités avant le 11 novembre 1918, auraient, en vertu d'une lettre de service, exercé pendant six mois au moins, dans les grades de lieutenant-colonel, de colonel, de général de brigade, ou dans les grades correspondants, un emploi du grade immédiatement supérieur, pourront être promus à ce grade en vue de leur admission immédiate à la retraite ou dans le cadre de réserve.

Toutefois, pourront bénéficier des mêmes mesures et sans limitation du temps d'exercice de l'emploi, les officiers qui, placés entre le 11 mai 1918 et le 11 novembre 1918, dans les conditions de grade et d'emploi précisées ci-dessus, auront été cités au moins une fois à l'ordre de l'armée à la tête de l'unité qu'ils commandaient par intérim, ou blessés dans l'exercice de leur commandement

Ils bénéficieront des taux de pensions de retraite afférents à leur nouveau grade.

Jusqu'à ce qu'une nouvelle loi portant fixation des cadres et effectifs de l'armée active ait été promulguée, ces officiers ne seront pas remplacés dans leur ancien grade, ni, par conséquent, dans les cadres de leur arme ou service;

b) Le bénéfice du taux de retraite visé ci-dessus est étendu aux officiers qui, se trouvant dans les mêmes conditions et déjà promus au grade supérieur depuis moins de deux ans, demanderaient à faire valoir leurs droits à la retraite ou à être admis au cadre de réserve.

Si le remplacement de ces officiers a déjà été effectué dans l'ancien grade dont ils étaient détenteurs, le nombre des premières vacances à combler dans ce grade sera réduit en conséquence;

c) Les officiers supérieurs, les généraux et les fonctionnaires assimilés qui ont été placés dans le cadre de réserve ou admis à la retraite depuis

---

(1) Circulaire d'application n° 10547 K du 11 août 1923.

(2) Est prorogé d'un délai de six mois, à dater de la promulgation de la présente loi, le délai d'application de l'article 116 de la loi de finances du 30 juin 1923 relatif à la promotion au grade supérieur en vue de leur admission immédiate à la retraite, des officiers généraux et supérieurs ayant exercé au cours des hostilités des emplois d'un grade supérieur au leur (article 8 de la loi du 29 décembre 1923; *Journal officiel* du 30 décembre 1923, page 12145).

le 11 novembre 1918, mais qui, antérieurement à cette date, avaient rempli les conditions de commandement fixées par le paragraphe *a*) ci-dessus, pourront être nommés au grade supérieur; ceux d'entre eux qui auront ainsi été promus officiers généraux ou assimilés passeront au cadre de réserve dès promulgation de la présente loi; ils recevront une solde de réserve égale à leur pension actuelle de retraite à partir du 1" janvier 1924. La retraite ou la solde de réserve des autres officiers généraux ou supérieurs et assimilés visés dans le présent paragraphe ne sera pas modifiée (1);

d) Les officiers et fonctionnaires militaires pourvus, en qualité d'officiers de réserve, d'un grade d'officier général ou d'un grade correspondant sont placés, du jour de leur promotion au grade d'officier général ou grade correspondant, dans le cadre de réserve de l'état-major général ou de leur corps spécial, d'après les principes de l'article 37 de la loi du 13 mars 1875. Ceux d'entre eux qui sont titulaires d'une pension de retraite recevront, à partir du 1" janvier 1924, une solde de réserve dont le taux sera égal à celui de leur pension.

TEXTES CITÉS A L'ARTICLE 54.

CODE CIVIL

Art. 203. — Les époux contractent ensemble, par le seul fait du mariage, l'obligation de nourrir, entretenir et élever leurs enfants.

. . . .

Art. 205 (loi du 9 mars 1891). — Les enfants doivent des aliments à leurs père et mère ou autres ascendants qui sont dans le besoin. La succession de l'époux prédécédé en doit, dans le même cas, à l'époux survivant. Le délai pour les réclamer est d'un an à partir du décès et se prolonge, en cas de partage, jusqu'à son achèvement.

La pension alimentaire est prélevée sur l'hérédité. Elle est supportée par tous les héritiers, et, en cas d'insuffisance, par tous les légataires particuliers, proportionnellement à leur émolument.

Toutefois, si le défunt a expressément déclaré que tel legs sera acquitté de préférence aux autres, il sera fait application de l'article 927 du Code civil.

Art. 206. — Les gendres et belles-filles doivent également, et dans les mêmes circonstances, des aliments à leurs beau-père et belle-mère; mais cette obligation cesse :

1° Lorsque la belle-mère a convolé en secondes noces;

2° Lorsque celui des époux qui produisait l'affinité, et les enfants issus de son union avec l'autre époux, sont décédés.

---

(1) Modalités du payement de la première solde de réserve (circulaire n° 055 4/5 du 19 décembre 1923).

Art. 207. — Les obligations résultant de ces dispositions sont réciproques.

. . . .

Art. 214. — La femme est obligée d'habiter avec le mari, et de le suivre partout où il juge à propos de résider; le mari est obligé de la recevoir et de lui fournir tout ce qui est nécessaire pour les besoins de la vie, selon ses facultés et son état.

. . . .

Art. 2101. — Les créances privilégiées sur la généralité des meubles sont celles ci-après exprimées, et s'exercent dans l'ordre suivant :

1° Les frais de justice;

2° Les frais funéraires;

3° (loi du 30 novembre 1892) : « Les frais quelconques de la dernière maladie, quelle qu'en ait été la terminaison, concurremment entre ceux à qui ils sont dus »;

4° Les salaires des gens de service, pour l'année échue et ce qui est dû sur l'année courante;

5° Les fournitures de subsistances faites au débiteur et à sa famille, savoir, pendant les six derniers mois, par les marchands en détail, tels que boulangers, bouchers et autres; et, pendant la dernière année, par les maîtres de pension et marchands en gros;

6° (loi du 9 avril 1898) « La créance de la victime de l'accident ou de ses ayants droit relative aux frais médicaux, pharmaceutiques et funéraires, ainsi qu'aux indemnités allouées à la suite de l'incapacité temporaire de travail, est garantie par le privilège de l'article 2101 du Code civil et y sera inscrite sous le n° 6. »

TEXTE CITÉ A L'ARTICLE 64.

LOI DU 27 AVRIL 1920.

Art. 2. — Ces pensions, ainsi que celles dues à raison des droits qui sont ouverts à partir du 2 août 1914, par suite d'infirmités ou de décès résultant d'événements de guerre, d'accidents de service ou de maladies, sont concédées par arrêté interministériel signé par le Ministre des pensions et par le Ministre des finances.

Ces pensions ne seront soumises à l'examen de la section des finances, de la guerre, de la marine et des colonies du Conseil d'Etat que dans les deux cas suivants :

1° Lorsqu'il y aura désaccord entre le Ministre liquidateur et le Ministre des finances;

2° Lorsque le renvoi sera demandé par l'un des Ministres intéressés.

TEXTES CITÉS A L'ARTICLE 73.

LOI DU 31 MARS 1919.

Art. 59 (modifié par la loi du 30 juin 1923, art. 117). — Les officiers de carrière et les militaires ou marins rengagés qui n'ont pas accompli un nombre suffisant d'années de services pour avoir déjà droit, soit à la pension proportionnelle, soit à la pension d'ancienneté et qui ont été réforformés pour infirmités attribuables au service comportant l'octroi du bénéfice des campagnes de guerre pourront opter pour une pension composée, pour chacune de leurs années de services, d'autant de fractions (1/30e ou 1/25e, suivant leurs armes et leurs grades) du minimum de la pension d'ancienneté de leur grade, et augmentée, pour les campagnes dont ils bénéficient, du total de leurs annuités d'accroissement.

Cette pension sera, uniformément pour tous les grades, majorée d'une somme égale à la pension d'invalidité allouée à un soldat atteint de la même infirmité.

La disposition qui précède profitera aux militaires réformés pour invalidité avant la guerre et qui auront repris du service depuis le 2 août 1914.

. . . .

. . . .

Art. 60. — Les militaires ou marins titulaires d'une pension d'ancienneté, d'une pension proportionnelle ou d'une pension de réforme, ou en possession de droits à l'une de ces pensions, qui auraient été atteints, au cours de la guerre actuelle, d'infirmités susceptibles d'ouvrir droit à pension ou à gratification, peuvent opter :

1° Soit pour la pension d'infirmités afférente à leur grade, le service de cette pension comportant la suspension de la pension d'ancienneté, de la pension proportionnelle ou de la pension de réforme dont ils auraient la jouissance ou qui viendrait à leur être concédée;

2° Soit pour la pension d'ancienneté, la pension proportionnelle ou la pension de réforme, auquel cas il leur sera attribué, à titre définitif ou temporaire, suivant que l'infirmité est ou non incurable, une majoration uniforme pour tous les grades, dont le taux sera égal à celui des pensions allouées aux soldats atteints de la même invalidité.

L'option ainsi exercée, tant en vertu du présent article que de l'article précédent, sera définitive; mais, dans le cas où le militaire ou marin aurait opté pour la deuxième alternative, sa veuve ou ses orphelins pourront; néanmoins, s'ils n'ont droit à réversion que du chef de la pension pour infirmités allouée à titre complémentaire, obtenir une pension calculée comme si le mari ou le père avait opté pour la première alternative;

TEXTE CITÉ A L'ARTICLE 78.

LOI DU 25 JUIN 1914.

Art. 1ᵉʳ. — Les agents du service actif des douanes, les préposés et agents des eaux et forêts, jusques et y compris le grade d'inspecteur, ont droit à pension dans les conditions générales de la loi du 9 juin 1853. Ils n'ont à justifier que de vingt-cinq ans de services et de 50 ans d'âge s'ils sont admis à la retraite au titre de l'ancienneté.

TEXTES CITÉS A L'ARTICLE 79.

LOI DU 18 AVRIL 1831.

Art. 10 (modifié par la loi du 13 juillet 1911, art. 127). — La pension se règle sur le grade dont l'officier est titulaire.

Si, néanmoins, il demande sa retraite avant d'avoir au moins deux ans d'activité dans ce grade, la pension se règle sur le grade immédiatement inférieur.

. . . .

Art. 127. — C) Aucun gouverneur général ou gouverneur, aucun résident supérieur en Indo-Chine, aucun secrétaire général des colonies ne peut prétendre à la pension de son grade que s'il en a effectivement exercé les fonctions aux colonies, savoir :

Pendant deux ans au moins, si la retraite est prononcée sur sa demande pour ancienneté de services;

Pendant un an au moins, si elle est prononcée soit d'office, soit pour blessures ou infirmités.

Pour les autres fonctionnaires et agents coloniaux placés sous le régime de la loi du 18 avril 1831, les articles 10 et 18 de cette loi sont modifiés ainsi qu'il suit :

« Art. 10. — La pension se règle sur le grade dont l'agent a, en dernier lieu, exercé effectivement les fonctions aux colonies pendant deux ans au moins, ou, en cas de retraite d'office, pendant un an au moins. »

« Art. 18. — La pension pour blessures ou infirmités se règle sur le grade dont l'agent a, en dernier lieu, exercé effectivement les fonctions aux colonies.

« Les pensions de veuves ou orphelins de ces mêmes fonctionnaires sont réglées sur le grade dont le mari ou le père a, en dernier lieu, exercé effectivement les fonctions aux colonies.

« A partir du 1ᵉʳ janvier 1912, nul ne pourra plus être admis dans un cadre colonial susceptible de conduire à une pension du régime de la loi du 18 avril 1831 s'il ne réunit les conditions d'âge et de service lui permettant d'obtenir à 55 ans d'âge une pension pour ancienneté de services. »

LOI DU 5 AOUT 1879.

Art. 2. — Ont droit à la pension, après vingt-cinq ans de service, les fonctionnaires, agents et autres, qui réunissent six ans de navigation au service de l'Etat, tant sur les bâtiments de l'Etat que sur les navires de commerce au compte de l'Etat ou de service dans les colonies.

Dans aucun cas, le service des colonies ne motivera de réduction sur la durée légale des services que pour les individus envoyés d'Europe.

. . . .

. . . .

LOI DU 30 JUIN 1923.

(Portant fixation du budget général de l'exercice 1923.)

Art. 111. — Ne pourront être mis à la retraite avant 60 ou 65 ans, selon qu'ils appartiennent au service actif ou au service sédentaire, les fonctionnaires civils qui désireront conserver leurs fonctions, à condition qu'au moment où ils atteindront leur cinquante-cinquième ou soixantième année, ils soient pères d'au moins trois enfants vivants et soient en état de continuer à exercer leur emploi.

Un conseil d'enquête, dont un règlement d'administration publique, déterminera la composition, sera appelé à donner son avis sur l'état d'incapacité du fonctionnaire, de continuer l'exercice de ses fonctions, au cas où l'administration invoquerait cette incapacité pour lui refuser le bénéfice de la présente disposition.

Les dispositions du présent article sont applicables à l'Algérie, aux colonies et aux pays de protectorat.

. . . .

. . . .

. . . .

TEXTE CITÉ A L'ARTICLE 83.

LOI DU 22 JUILLET 1923.

Art. 3. — . . . .

. . . .

Dans un délai de six mois à partir de la promulgation de cette loi, tout fonctionnaire du cadre local aura le droit de renoncer au bénéfice des dispositions du statut local pour être régi intégralement par les règles générales établies pour les fonctionnaires du cadre français.

TABLE DES MATIÈRES

Pages.

Imprimerie et Librairie militaires CHARLES-LAVAUZELLE & Cie

SOCIÉTÉ EN COMMANDITE PAR ACTIONS AU CAPITAL DE 3.500.000 FRANCS

PARIS, 124, Boulevard Saint-Germain (6ᵉ) — NANCY, 53, rue Stanislas — 62, Avenue Baudin, LIMOGES

R. C. Limoges 385

COCHIN DE CLÉRY, officier d'administration en réserve spéciale. — **La réserve spéciale.** Étude sur cette position et recueil des textes officiels. Volume in-8° de 126 pages (2ᵉ édition, mise à jour au 1ᵉʳ janvier 1923)...................... **3 50**

La réserve spéciale est le seul moyen légal de quitter l'armée en sauvegardant les droits acquis avant le temps exigé pour la retraite; aussi cette situation est-elle recherchée davantage en ce moment de crise d'avancement.

Ce volume est de la plus grande actualité en raison de la disparition prochaine de la réserve spéciale, par suite du vote de la loi Lugol. Il importe de prendre position avant ce vote.

Xavier D'HAUCOUR, docteur en droit, juge au tribunal civil de Limoges, ancien président de commission arbitrale. — **Ce qu'il faut savoir en matière de loyers.** In-8° broché... **4 »**

La législation actuelle des loyers, compliquée encore par la nouvelle loi sur la hausse, présente, même pour les professionnels, de sérieuses difficultés d'interprétation. L'auteur du présent ouvrage s'est proposé de mettre à la portée de tous, sous une forme claire et concise, ce qu'il est indispensable de savoir.

Dans une première partie, sont exposés et commentés le champ actuel et les conditions d'application, ainsi que la procédure de la prorogation générale de plein droit de la loi de 1918, de la prorogation spéciale et facultative de la loi de 1922 et des délais de grâce.

Une deuxième partie commente la nouvelle loi sur la hausse et les règles de détermination des prix-limite et des majorations autorisées, ainsi que les actions en sanctionnant le dépassement et la procédure qui les régit.

Dans une troisième partie sont groupés et mis au point *tous les textes* législatifs utiles à connaître et actuellement en vigueur en matière de loyers (loi du 9 mars 1918, pour les prorogations d'avant-guerre, loi du 31 mars 1922 pour les prorogations nouvelles, lois sur les délais de grâce, loi du 29 décembre 1923 sur la hausse, et circulaires interprétatives).

En appendice, des renseignements d'ordre pratique sur les prix-limite fixés dans les diverses régions et sur les éléments constitutifs de ces prix ainsi que sur l'introduction en justice des actions en réduction et l'application aux garnis de la prorogation.

Une table des matières méthodique et détaillée complète l'ouvrage.

André PAVIE. — **La nouvelle législation des loyers. Prorogations et dispositions diverses** (texte et commentaires de la loi du 31 mars 1922, avec un fascicule donnant le texte et les commentaires de la loi du 29 décembre 1923 ayant pour but de limiter la hausse des prix des baux à loyer). — Brochure in-8° de 70 pages. **1 50**

On ne saurait jamais trop être documenté, à l'heure actuelle, sur ses droits et ses devoirs en matière de loyers. L'ouvrage de M. Pavie permet à chacun de se renseigner très facilement sur ce sujet délicat et complexe. Une récente mise à jour a fait compléter le volume par le texte et les commentaires de la loi du 29 décembre 1923.

André PAVIE. — **La loi du 1ᵉʳ avril 1923 sur le recrutement de l'armée** (texte et commentaires). Volume in-8° de 164 pages........................... **3 »**

Il est indispensable pour tout Français, non seulement de connaître le texte de la nouvelle loi de recrutement, mais encore d'être à même, suivant la situation particulière dans laquelle il se trouve, de se rendre un compte exact des conditions dans lesquelles elle lui est applicable. Un commentaire sobre et clair de ladite loi est donc souvent indispensable.

Pour répondre à ce besoin, les éditeurs Charles-Lavauzelle et Cⁱᵉ ont fait paraître, sous la signature de M. André Pavie, un ouvrage dans lequel, à côté des dispositions mêmes de la loi nouvelle, le commentaire en éclaire le texte par des explications tirées des débats parlementaires, par le rapprochement des dispositions contenues dans des articles parfois éloignés les uns des autres, et par l'énoncé en langage clair et précis des dispositions empruntées au Code civil et au Code pénal, que le texte de la loi indique seulement par un numéro.

Un index alphabétique très détaillé permet au lecteur de trouver immédiatement la page du commentaire ou de la loi où se trouve traitée la question qui l'intéresse.

Nouveaux Codes français et lois usuelles civiles et militaires (28e édition, 1923). In-12 de 1392 pages, relié toile gaufrée.................................... **12 »**

Le but de cet ouvrage, dès sa première édition, a été de mettre à la disposition de tous ceux qui ont à faire l'application des lois et à en surveiller l'exécution, un recueil commode et maniable de toutes les lois usuelles.

Ce but prend, dans les circonstances actuelles, une importance d'autant plus grande que, depuis l'apparition de la dernière édition, sont intervenues des lois nombreuses et de multiples modifications dans l'organisation du pays.

Toutes ces dispositions nouvelles — civiles, pénales ou militaires — figurent dans la 28ᵉ édition. Ce sont tous les codes et toutes les lois usuelles à la disposition de la gendarmerie, gardienne de la loi dans nos campagnes; à la disposition des maires et des secrétaires de mairie, conseillers des habitants; des juges de paix et de tous ceux qui s'occupent avec tant d'activité de toutes les sociétés, associations créées depuis la guerre.

Les *Nouveaux Codes français* sont donc plus que jamais l'auxiliaire indispensable de toutes les autorités tant civiles que militaires ayant à connaître de l'application des lois.

Recueil en textes authentiques des lois intéressant l'armée : Le traité de Versailles et les lois nouvelles de 1917, 1918, 1919. Volume in-8° de 700 pages. **12 »**

Les 440 articles du traité de Versailles, en date du 28 juin 1919, ont une importance considérable dans la vie des grands peuples; ils doivent être connus de tous.

Le texte entier et authentique est publié dans ce recueil. Pour en faciliter la compilation, une table alphabétique très détaillée, de 30 pages, permet de se reporter instantanément à l'objet qui intéresse plus spécialement le diplomate, le législateur, le financier, le commerçant, l'exportateur.

Chacun doit avoir à sa portée le texte de ce traité, qui constitue, à l'heure actuelle, la charte du monde

Ce recueil ne contient d'ailleurs pas que le traité de paix. La législation durant ces trois années a été très active; on peut citer au hasard :

La loi du 31 mars 1919 sur les pensions d'invalidité qui touche à tant d'intérêts légitimes;

La loi sur la journée de huit heures (23 avril 1919), dont les effets sont trop controversés à l'heure actuelle;

La loi sur les réparations aux victimes civiles de la guerre (24 juin 1919), qui intéresse encore trop de Français;

La loi sur le déclassement de l'enceinte fortifiée de Paris (19 avril 1919), que tous les Parisiens surveillent jalousement dans l'espoir de constructions prochaines;

La loi sur la légitimation des enfants en cas de décès du père (7 avril 1917), loi d'une haute portée sociale, etc., etc.

Or, on le sait : « Nul ne doit ignorer la loi. »

COMMISSION DU « BULLETIN OFFICIEL ». — Tableau général de la composition des divers ministères. Volume grand in-8° de 160 pages............ **7 50**

Ce tableau ne donne pas seulement la composition des divers ministères (directions, bureaux, sections et attributions, adresses, téléphone), mais aussi la liste des diverses commissions qui gravitent autour des ministères, avec la date de leur décret de création et la direction de rattachement.

Les directions et les bureaux de chaque ministère sont indiqués avec, pour chacun d'eux, les attributions de service, et ces renseignements sont des plus utiles pour l'acheminement rapide des affaires, d'autant plus que les adresses en ville sont données pour tous ces services.

Son utilité incontestable vient d'être consacrée par la circulaire n° 14496 K du 19 novembre 1920, qui autorise les corps à acheter cet ouvrage sur les fonds éventuels dont ils disposent.

Capitaine C. FLUTET. — Manuel pratique sur les pensions militaires des victimes de la Grande Guerre. Ouvrage complet à l'usage des différents services chargés de l'application de la loi sur les pensions, des associations de mutilés et d'anciens combattants, et de tous les ayants droit à pension ou allocation. (Grands mutilés, blessés, malades, réformés, veuves, orphelins, ascendants, mobilisés en usine, etc., agents des chemins de fer, personnel sanitaire, personnels civils et militaires de la guerre et de la marine, Alsaciens-Lorrains, etc.) Ce manuel pratique se termine par un index alphabétique qui facilitera beaucoup la recherche des renseignements. Volume grand in-8° de 576 pages. . . . . **9 »**

Cette 4ᵉ édition du *Manuel pratique sur les pensions militaires des victimes de la Grande Guerre*, revue et augmentée, est à jour des lois nouvelles sur cette importante question du droit à la réparation due aux militaires des armées de terre et de mer, affectés d'infirmités résultant de la guerre, aux veuves, aux orphelins et aux ascendants de ceux qui sont morts pour la France.

La nouvelle édition mentionne les droits des réformés d'avant-guerre qui, par la loi du 18 juillet 1922, bénéficient des taux de la loi du 31 mars 1919 et auxquels la loi du 26 juin dernier accorde, en outre, le bénéfice des articles 58, 59 et 60, réparant ainsi l'injustice commise à leur égard par la loi de 1922.

La loi du 17 avril 1923 relative aux pensions des Alsaciens-Lorrains, aux pensions militaires allemandes et allocations dont les titulaires ont acquis ou recouvré la nationalité française y est également insérée et commentée.

En résumé, cet important ouvrage, qui a déjà rendu de grands services aux victimes de la guerre, se trouve entièrement refondu, complètement remanié et mis en harmonie avec la législation en cours. Il a été rédigé dans un sens essentiellement pratique le mettant ainsi à la portée de tous. A vrai dire, il constituera le travail le plus complet et le plus documenté paru jusqu'à ce jour sur la législation des pensions d'invalidité.

Commandant C.-A.-H. VINCENT. — Guide pratique sur les pensions d'invalidité (officiers et troupe) et les pensions des veuves de guerre, orphelins et ascendants des militaires morts pour la France (15ᵉ édition, 1923). Volume in-18 de 356 pages. . . . . **9 »**

Ce magistral traité, dû à la plume d'un expert que ses fonctions qualifient parfaitement pour établir un pareil travail, véritable vade-mecum qui a déjà rendu tant de services particulièrement appréciés et dont l'éloge n'est plus à faire, a été entièrement refondu, complètement remanié et mis en harmonie avec la nouvelle législation en cours (lois, décrets, instructions et circulaires ministérielles).

Cette nouvelle édition va donc prendre sa place dans toutes les associations de mutilés, réformés, anciens combattants, veuves, orphelins et ascendants de guerre, ainsi que dans tous les bureaux administratifs (mairies, préfectures, intendance, recrutement, centres de réforme, corps de troupe, états-majors, etc...) ayant déjà fait l'acquisition des éditions précédentes devenues caduques.

Elle leur sera un guide sûr et précieux, complètement à jour, facile à consulter et leur permettra de se reconnaître, sans recherches fastidieuses, grâce à la *table alphabétique* et aux nombreux cas d'espèce qui sont exposés et solutionnés, dans le *dédale d'une réglementation de plus en plus complexe. Enfin elle fera surtout connaître aux intéressés leurs droits, leur indiquera les formalités à remplir pour les faire valoir et leur donnera le moyen d'obtenir satisfaction dans le sens le plus rapide et le plus conforme à leurs intérêts légitimes.*

Cet excellent ouvrage contient, en outre, plusieurs annexes (secours immédiats et éventuels, allocations et indemnités diverses, décorations, croix de guerre, avantages réservés aux blessés de guerre, admission aux invalides et aux écoles d'enfants de troupe, établissements de rééducation, œuvres d'assistance aux victimes de la guerre, etc...), ainsi que les formulaires spéciaux à chaque demande à présenter.

Ministère des pensions. — **Recueil n° 1 des documents intéressant la législation des pensions** (loi du 31 mars 1919). Du 28 janvier 1919 au 8 mars 1920. Volume in-8° de 534 pages.. *Épuisé*.

Ministère des pensions. — **Recueil n° 2 des documents intéressant la législation des pensions** (lois des 31 mars 1919, 25 mars, 16 et 30 avril 1920). Du 10 mars 1920 au 15 janvier 1921. Volume in-8° de 922 pages.......... **10 »**

Ces recueils sont complètement à jour et contiennent toutes les circulaires, instructions et autres documents qui ont paru sur les pensions des anciens militaires titulaires d'une pension d'invalidité, des veuves, des orphelins et des ascendants.

Ministère des pensions. — **Instruction du 31 mai 1920** pour l'application de la loi du 31 mars 1919 sur les pensions militaires pour infirmités et du décret du 2 septembre 1919 portant règlement d'administration publique pour l'application de ladite loi (1re partie). Volume in-8° de 96 pages................... **2 »**

Réunit toutes les prescriptions d'ordre médico-légal auxquelles sont soumises les pensions d'invalidité.

Ministère des pensions. — **Instruction du 30 juin 1920** pour l'application de la loi du 31 mars 1919 sur les pensions militaires pour infirmités et du décret du 2 septembre 1919 portant règlement d'administration publique pour l'application de ladite loi (2e partie). Volume in-8° de 20 pages................. **1 »**

Réunit toutes les prescriptions d'ordre administratif auxquelles sont soumises les pensions d'invalidité.

Instruction du 1er décembre 1920 pour l'application de la loi du 24 juin 1919 sur les réparations à accorder aux victimes civiles de la guerre et du décret du 20 août 1920 portant règlement d'administration publique pour l'application de ladite loi. Volume in-8° de 116 pages....................... **2 50**

C'est la codification de toutes les mesures prises pour assurer aux victimes civiles les réparations auxquelles elles ont droit : pensions, soins médicaux, chirurgicaux et pharmaceutiques, appareillages et rééducation professionnelle.

Tableau synoptique résumé des divers barèmes à appliquer aux infirmes et malades de la guerre 1914-1919. (Instruction n° 831 C/7 du 10 juillet 1919 et additif à cette instruction.) Volume in-8° de 144 pages.............. **3 75**

Le *Tableau synoptique* est un document officiel et essentiel : il remplace tous les autres barèmes, l'échelle de gravité de 1887, ainsi que les barèmes de 1915 et de 1919. Il contient l'additif relatif aux tuberculeux (décret du 17 octobre 1919 et l'instruction du 21 octobre 1919).

Pierre LARDY. — **Pension d'invalidité du taux de soldat** allouée aux militaires de carrière en activité de service, en non-activité, en congé sans solde, en retraite, en réforme, en réserve spéciale. Brochure in-8° de 48 pages. **2 50**

La loi du 30 avril 1920 a prévu le cumul d'une solde d'activité avec une pension d'invalidité du taux de soldat. L'étude écrite par M. Lardy permet aux ayants droit de prendre en toute connaissance de cause, une décision si importante pour eux et leur famille.

Capitaine E. FAURY. — **Guide pratique à l'usage des victimes de la guerre** (militaires, veuves, orphelins, ascendants). Édition revue et mise à jour au 1er juillet 1920. Volume in-8° de 240 pages...................... **6 »**

Cette nouvelle édition du *Guide pratique* contient les dispositions les plus importantes concernant les victimes militaires ou civiles de la guerre. Toutes les questions y sont soigneusement traitées et commentées. Pensions, secours, pupilles de la nation, éducation, bourses d'études, maison de la Légion d'honneur.

Imprimerie et Librairie militaires CHARLES-LAVAUZELLE & Cie

SOCIÉTÉ EN COMMANDITE PAR ACTIONS AU CAPITAL DE 3.500.000 FRANCS

PARIS, 124, Boulevard Saint-Germain (6ᵉ) — NANCY, 53, Rue Stanislas -- 52, Avenue Baudin, LIMOGES

R. C. Limoges 385

Emplacement des troupes de l'armée française avec indication des noms des chefs de corps, suivi du répertoire alphabétique des garnisons de France, d'Algérie et de Tunisie au 1ᵉʳ mars 1924. Brochure in-8° de 128 pages.... **3 50**

Connaître l'emplacement des troupes de l'armée française est indispensable à tous ceux qui sont appelés à être en rapport avec l'armée.

Les parents des militaires sous les drapeaux pourront suivre la vie de leurs proches. Les militaires libérés du service connaîtront mieux les ressources mises à leur disposition pour contracter un rengagement.

Maires, secrétaires de mairie, juges de paix, gendarmes, commissaires de police, avocats, huissiers, notaires, etc., sont appelés très fréquemment à demander des renseignements.

L'indication nominale des chefs de corps rendra à tous plus d'un service.

Décret du 31 décembre 1922 (CODE DE LA ROUTE) portant Règlement général sur la police de la circulation et du roulage, annoté, illustré et complété par les modèles officiels à l'usage des militaires de la gendarmerie et des automobilistes, cyclistes, etc. (4ᵉ édition mise à jour au 1ᵉʳ avril 1924.) 150 pages... **3 »**

Toute la réglementation concernant l'usage des voies ouvertes à la circulation publique est contenue dans le décret du 31 décembre 1922 abrogeant celui du 27 mai 1921.

Cette nouvelle édition, comme les précédentes, est conçue de la façon la plus pratique. Le texte du règlement y est commenté et annoté article par article. Des annexes reproduisent toute la documentation officielle pour son application, avec de nombreux modèles à l'appui. Des figures éclairent, lorsqu'il en est besoin, le texte. Une table alphabétique très détaillée rend la consultation de l'ouvrage rapide.

Des pages blanches ont été ménagées, à la fin du volume, pour l'insertion de tous arrêtés préfectoraux ou municipaux qui interviendraient pour l'exécution du décret dans chaque circonscription.

Agenda de l'Armée française pour 1924 (37ᵉ année). Carnet de poche souple et élégant, avec fermoir en caoutchouc, 528 pages, relié toile............... **4 »**

Le même, relié peau, tête dorée...................................... **5 »**

Il est joint un exemplaire, à titre gracieux, à toute commande de 12 exemplaires minimum.

Coquettement relié, avec caoutchouc fort et crayon, l'*Agenda*, grâce à son format réduit et au papier pelure opaque, très résistant, sur lequel il est imprimé, est à la fois léger et peu encombrant et trouve aisément sa place dans la poche.

L'*Agenda de l'armée française* comprend : l'*Almanach-Agenda*, le *Petit Annuaire de l'Armée* (ministère de la guerre, ministères de la marine et des colonies, les jours et heures de réception aux ministères, les corps d'armée, les commandements de places fortes, les divisions de cavalerie et les secteurs de gendarmerie), l'emplacement des troupes, nouvelles garnisons du temps de paix, enfin l'*Aide-mémoire*, dont le chapitre « Administration » s'occupe des *soldes*, allocations afférentes aux engagements et rengagements, hautes payes, indemnités de résidence, réserve spéciale, *pensions de retraite et d'invalidité*, indemnités de déplacement, transport par chemin de fer, et dont les autres chapitres traitent de toutes les questions d'instruction et d'organisation militaires.

ADMINISTRATION PRÉFECTORALE. — Annuaire des membres de l'Administration préfectorale (État du personnel des fonctionnaires de l'Administration préfectorale) au 1ᵉʳ janvier 1924. Volume in-8° de 320 pages............. **12 »**

Cet Annuaire, qui constitue un document officiel, contient des renseignements complets, rigoureusement contrôlés et absolument à jour, sur tous les fonctionnaires de l'Administration préfectorale. Il présente donc pour eux un incontestable intérêt.

BIBLIOTHEQUE NATIONALE DE FRANCE
3 7502 01855582 3

www.ingramcontent.com/pod-product-compliance
Lightning Source LLC
LaVergne TN
LVHW012007180726
843502LV00005B/1585